零工经济背景下
副业对个体幸福感的影响研究

EFFECTS OF SIDELINE WORK ON
INDIVIDUAL WELL-BEING UNDER THE CONTEXT OF
GIG ECONOMY

刘 琳◎著

经济管理出版社
ECONOMY & MANAGEMENT PUBLISHING HOUSE

图书在版编目（CIP）数据

零工经济背景下副业对个体幸福感的影响研究 / 刘琳著. -- 北京 : 经济管理出版社, 2025. 7. -- ISBN 978-7-5243-0454-8

Ⅰ. F307.5；B82

中国国家版本馆 CIP 数据核字第 2025PS0290 号

组稿编辑：赵亚荣
责任编辑：赵亚荣
一审编辑：杜羽茜
责任印制：许　艳
责任校对：蔡晓臻

出版发行：经济管理出版社
（北京市海淀区北蜂窝 8 号中雅大厦 A 座 11 层　100038）
网　　址：www. E-mp. com. cn
电　　话：（010）51915602
印　　刷：唐山玺诚印务有限公司
经　　销：新华书店
开　　本：720mm×1000mm/16
印　　张：11
字　　数：161 千字
版　　次：2025 年 8 月第 1 版　　2025 年 8 月第 1 次印刷
书　　号：ISBN 978-7-5243-0454-8
定　　价：78.00 元

序：以科学精神探索幸福源泉

在刘琳博士的这部著作付梓之际，很高兴受邀以指导老师的身份为其作序。与其说是作序，不妨说是以我之笔简要回顾这部小书的来龙去脉。翻开这本书，我的思绪不自觉地被拉回到几年前与刘博士初识、指导她开展学术研究的时光。彼时，刘博士在我的 MBA 课堂上学习之后，又选择了继续攻读正大管理学院的博士学位，努力去寻求职业发展的新机遇。作为指导老师，我一方面鼓励她努力去探索、赞许她拼搏的勇气；另一方面，我也为她几乎是从零开始的研究基础而感到担忧。恰逢疫情期间，我们通过线上的方式进行交流和研究指导。在研究选题过程中，我始终坚持的是，“选题是你自己的工作，一定要结合自己的兴趣来进行。我可以给出指导意见、可以说不行，但不会直接告诉你该做什么”。在这样的要求下，刘博士的选题之路坎坎坷坷地向前推进，中间经历过我的多次否定和修改，更经历过她自己的怀疑、迷茫、困惑、纠结，直到思路逐渐清晰。最终，刘博士将目光投向了零工从业者，关注他们的幸福感。

大约从 2016 年开始，随着平台经济的兴起，零工相关的研究成为国内外管理学界的一个热门话题。当然，这里我们说的零工，更多就是依赖互联网平台、基于各种 APP 去接单接活的零工。他们中的一部分，甚至本身还有着自己的主业，因为种种原因选择在主业之外再承接一份副业。当个体同时从事主业和副业时，两份或多份职业之间的关系如何处理，又会如何影响身兼多职的个体，成为在平台经济背景下人力资源管理领域的新兴研究话题。刘博士和我的讨论从兼职微商开始，最后慢慢过渡到从事零工副业的个体如何在多份工作之间的关系中体会到幸福感。围绕着这一研究问题，刘博士基于工作—家庭资源模型，构建并检验了一个实证研究模型。其研究得到的结果多少是令我们欣慰的，那就是个体在副业中的工作投入，整体上来看还是促进了工作家庭增益，进而提升了个体的幸福感的。我想对于新时代的年轻人来说，这不啻为一个积极的结论。

有关本书研究的内容和过程，我这里不再赘述。值得肯定的地方在于，刘博士几乎是从零开始，学习并初步掌握了定量研究与问卷统计分析的有关技术。呈现在读者面前的这本小书，基本上遵循着科学严谨的问卷调查研究程序，展现了一次科学探索的过程。也许本书并没有复杂的数理模型和深奥的理论探究，但“麻雀虽小、五脏俱全”，它展现了一位青年教师为追寻职业发展和学术目标而不懈努力的阶段性总结。

同样地，无论是对于普通人还是对于从事零工副业的员工来说，幸福感永远都是一个值得挑战且无确定答案的问题。从学术角度来说，也完全可以从哲学、心理学、社会学等不同的学科视野来看，不同人看到和想到的观点或许大相径庭。本书所代表的基于问卷调查的定量管理研究，从一个小切口为我们探讨幸福感问题提供了一些参考。

期待本书能够为读者带来一些启发，也期待读者和作者一道，在追求和探索研究幸福感的道路上不断有新的收获。

罗文豪

2025 年 7 月于北京

前　言

随着零工经济的快速发展以及人们对幸福生活的向往，越来越多的个体在保留主业工作的基础上选择从事副业。已有研究主要关注了零工经济中的平台控制、人力资源管理和工作模式等组织层面的问题，但对零工经济背景下从事副业对个体层面的影响，如对个体幸福感、工作—家庭关系等关注较少。从实践角度来看，提升个体幸福感无论对国家、社会、企业还是对个人而言都是极其重要的。因此，无论是理论层面还是实践层面，探索零工经济背景下副业与个体幸福感的关系均具有重要意义。

基于工作—家庭资源模型，本书构建了零工经济背景下副业对个体幸福感的影响模型。通过对 541 名在数字平台从事副业的个体进行实证研究发现：副业投入正向影响个体幸福感及工作—家庭增益，且负向影响工作—家庭冲突；工作—家庭冲突和工作—家庭增益在副业投入影响个体幸福感的过程中具有中介作用；养家动机对工作—家庭冲突与个体幸福感之间的关系具有调节效应，但对工作—家庭增益与个体幸福感之间的关系并无显著的调节效应。

在理论层面，本书回应了副业投入与幸福感关系的悖论，构建了副业对个体幸福感影响的路径模型，揭示了养家动机在工作—家庭冲突与个体幸福感关系中的边界作用，对幸福感、零工经济等领域相关问题的研究起到了推动作用。在实践层面，本书为在数字平台从事副业的个体提供了提升个体幸福感的可参考建议。同时，本书存在变量不够丰富、量表不够本土化和样本局限性等不足，期望未来的学者可以继续深化理论研究，开发本土化量表和拓宽研究对象，探究其他提升个体幸福感的实践与方法。

目　录

第一章　绪论

第一节　研究背景

一、实践背景

数字经济与现代服务业的融合发展催生了零工经济（Gig Economy）和新就业形态。零工经济是在数字经济背景下，利用移动互联技术对劳动力供需双方进行快速匹配的一种新型人力资源分配模式（Taylor et al.，2017）。零工经济是共享经济的一种具体表现，是基于数字平台的新就业形态，包容性强、灵活度高，能缓解就业压力，还能帮助个体应对不确定的就业市场，提高个体收入和改善生活。依托数字平台的新就业岗位涉及较多领域，既有熟练性的劳动岗位，也有知识密集型的劳动岗位，为群体就业提供了更多的机会。根据国家信息中心发布的《中国共享经济发展年度报告（2021）》的数据，2020 年我国共享经济市场交易额约为 33773 亿元，同比增长 2.9%，共享经济参与者人数约为 8.3 亿，其中服务提供者人数约为 8400 万，同比增长约 7.7%，平台企业员工数约为 631 万，同比增长约 1.3%。《中国共享经济发展年度报告（2023）》初步估算，2022 年我国共享经济市场交易额约为 38320 亿元，同比增长约 3.9%。根据国家统计局发布的数据，截至 2021 年底，我国灵活就业人数约为 2 亿，预计到 2036 年，其规模将超过 4 亿。零工经济的快速发展，有以下三个原因：一是互联网及信息技术的高速发展，随着平台经济的快速发展，新兴产业和传统行业都开始进行数字化、网络化、平台化转型，信息通过网络快速发布和传播，进一步促进了零工经济的快速发展；二是观念的变化，消费者开始拒绝标准化，更加追求个性化和差异化的服务体验，同时零工经济也为愿意分享自己的劳动和技能的个体提供了平台；三是零工经济具有明显的优势，工作地点和工作时间有更大的自主性，个体可以自由选择工作地点、工作任务和完成时间，也可以同时进行多份工作。零工经济已越发数字化、专业化，不再是低端工作的聚集地。《2022 中国零工经济行业研究报告》对全球互联网零工经济职位进行了分析，发现传统零工经济常常与高体力、低技能、低收入的职位相关联，而互联网零工经济中知识、创意、技能等要素的占比明显提高，实现了体力到脑力、低端到高端的转变。

基于数字平台的新就业形态具有较强的包容性和灵活性，与传统企业员工相比，对个体的工作技能、角色转换、场景环境适应等多方面综合能力提出新挑战。2020 年线下实体活动受到诸多限制，在此情境下，基于互联网的线上领域（如直播、短视频、知识分享等）快速增长，对用工的需求也随之增长。根据智联招聘发布的《2020 年春季直接产业人才报告》，春节后复工一个月，直播行业人才需求量逆势猛增，直播相关兼职岗位的数量同比增长 166.09%，是全职岗位人数增速的 2 倍有余。

2012 年 6 月 28 日，第 66 届联合国大会宣布，追求幸福是人的一项基本目标。根据联合国发布的《2024 年全球幸福报告》，中国的幸福指数排在第 60 位，比 2023 年上升了 4 个位次，比 2022 年上升了 12 个位次，比 2020 年上升了34个位次。如今，中国的发展思路已经从关注GDP的增长转变为关注人民的自由、民主、公正、法制等福祉，党和政府越来越多地把精力和优先权放置于文化、政治、社会和生态文明建设上，提升国民幸福指数已经成为党和国家努力的方向。习近平总书记在2018年新年贺词中提出“幸福都是奋斗出来的”，幸福的人生，需要踏踏实实地努力奋斗才能实现。在由中央广播电视总台财经节目中心国家统计局、中国邮政集团公司联合发起的覆盖全国31个省区市、超过10万户中国家庭的《美好生活大调查》中，对居民的整体生活感受、经济收入状况、消费投资预期和幸福感等进行了调查。根据2019年的调查数据，影响个体幸福感的因素排名前三分别是经济收入水平（占61.24%）、身心健康状况（占53.97%）和家庭关系（占39.50%）。由此可见，在中国情境下，收入水平和家庭关系是影响个体幸福感的重要因素。

因此，从实践角度来看，无论对国家、社会、企业还是对个人而言，提升个体的幸福感都是极其重要的。要想提升个体幸福感，除身体健康因素外，经济收入、事业发展、工作家庭关系等都是重要因素。零工经济的快速发展，为希望通过努力奋斗获取幸福生活的人们提供了更多的机会和选择，拥有主业工作的个体可以在数字平台上寻找符合自身能力的副业，利用业余时间完成工作并获得报酬，如在下班后利用业余时间从事微商、自媒体、网约车司机、网络文案等副业。2021年，猎聘发布的《中国人力资本生态十年变迁白皮书（2011—2021）》显示，当前有51.85%的职场人表示自己拥有副业，比十年前提升了33.1个百分点，开展副业的主要原因排序依次是“增加收入来源”“增加安全感，防止失业”和“发展兴趣爱好”，微商成为最受欢迎的副业，与其工作时间灵活、门槛低等特点密切相关，这与职场人对副业的诉求相契合。而一项针对1990~1999年出生的职场人的调查显示，从事副业的群体规模不断扩大，近五成“90后”表示自己拥有副业，从事副业不再是一件遮遮掩掩的事，“斜杠青年”已经成为一种新兴的工作方式，最受欢迎的副业包括微商、自媒体运营和代购等，工作时间相对灵活是这些副业的共同特点。

由此可见，选择从事副业的个体在逐渐增多，而工作时间相对灵活的副业是首选。个体有60%以上的时间花在处理与工作相关的事情上，从事副业需要个体投入更多的时间和精力，而工作状态会影响生活状态，副业会对个体的主业和家庭产生什么影响？是因时间和精力的占用引发主业绩效下降、工作—家庭冲突加剧等问题，导致个体幸福感下降，还是通过副业增加经济收入、丰富工作和生活，提升了个体幸福感，这个问题或许与个体从事副业的动机因素相关联。从零工工作的特点来看，数字平台为个体提供极具灵活性的工作，个体不仅可以自由决定时间安排，还可以自由决定工作时间，甚至工作意愿（Hall & Krueger，2018），为有意愿从事副业的个体提供了更多的工作机会。个体在数字平台上从事副业的动机差异，有可能对个体幸福感产生影响，如迫于生活压力从事以提高经济收入为目的的副业，会大量占用时间和精力，与完成主业所需资源冲突，以及增加工作—家庭冲突，是否会使个体幸福感明显降低？如果从事的副业基于个体兴趣，以丰富经验、提升能力为目的，同时与主业共享资源并相互增益，那么所获得的经济收入和工作成就是否能提升个体幸福感？这些都是值得研究的问题。

二、理论背景

工作作为一种有偿劳动，可以获得资源、实现自我价值和增加自信，也是提升个体幸福感的重要路径之一。工作是如何影响个体幸福感的？在早期的研究中，工作被认为是负性压力源，学者们探讨了工作对幸福感的负面影响，并提出了多项理论来解释工作的损耗机制。根据资源保存理论（Hobfoll，1989），个体总有获取、占有和维护重要资源的倾向，而资源是获取新资源和提升幸福感的重要因素。在高工作负荷的情境下，个体会面临资源投入产出比失衡的问题，随之产生倦怠、耗竭等负性反应（Hobfoll，1989，2002）。基于资源保存理论，Ten Brummelhuis 和 Bakker（2012）提出了工作—家庭资源模型（Work-Home Resources Model，简称 W-HR 模型），W-HR 模型是一个系统解释工作和家庭之间积极和消极双向过程的理论框架。W-HR 模型以个人资源为纽带，将一个领域的要求和资源与另一个领域的成果联系起来，系统解释了工作—家庭关系背后的因果逻辑及边界条件（Ten Brummelhuis & Bakker，2012）。具体表现为，当工作领域的要求消耗个人资源，阻碍个体为家庭领域付出时，就会造成工作与家庭的冲突；当工作领域的资源增加个人资源，并用于改善家庭领域的成果时，就会出现工作对家庭的增益。同样地，家庭领域的资源和要求也会影响工作领域，包括家庭与工作的冲突和家庭对工作的增益。由此可见，个人资源是冲突和增益的主要原因，是工作和家庭领域之间的纽带。资源分为个体资源和情境资源，其中，个体资源来源于个体内部，主要包括身体、心理、智力、情感和资本等资源；情境资源来源于自我之外，可从个体所处的社会情境中获取，包括婚姻、雇用关系、社会网络等条件因素和尊重、帮助、建议等社会支持（Ten Brummelhuis & Bakker，2012）。

由此可见，工作和家庭的关系不是单方面的冲突，而是一个损耗和增益并存的双路径模型。工作—家庭的关系是否和谐对个体幸福感有明显影响，当工作要求持续较高而工作资源无法弥补时，个体的精力就会在工作过程中不断损耗，最终可能导致精力衰竭，产生工作倦怠，进而对个体的心理和生理产生消极影响，如健康问题、情绪问题等，对家庭领域产生损耗，有可能降低个体的幸福感；当工作资源充裕时，可以激发个体的动机、提高工作投入，进而产生积极影响，对家庭领域产生增益，有可能提升个体的幸福感。

无论在何种工作中，工作资源的变化都会影响个体的情绪耗竭（倦怠）和工作投入。随着劳动力市场结构和工作价值观念的变化，以及零工经济为个体提供更多的工作选择和工作机会，越来越多的个体在主业工作之外从事副业。具体而言，副业提供了个性化、指导和拥有工作的机会（Petriglieri et al.，2019），个体可以控制何时、何地、如何完成工作，积累经验，以丰富个体在主业工作中的表现。部分学者认为副业与主业绩效相冲突，副业是一种“损害工作绩效的干扰”（Rodell，2013；Betts，2006；Sliter & Boyd，2014）。这一观点的基础是，副业消耗了个体有限的资源，从而削弱了个体在主业工作中表现良好的能力（Barnett，1998；Haas，1999）。这种关于副业负面影响的共识表明，从事副业会消耗主业工作的资源，以及损耗原属于家庭领域的资源。这一观点基于 W-HR 模型的损耗路径假设，认为副业对个体存在损耗。但也有观点认为个体可以从副业中获得好处，进而丰富主业工作的表现（Nahrgang et al.，2021）和增加家庭领域的资源，如经济收入等。这一观点基于 W-HR 模型的增益路径假设，具体表现为，主业的资源会给副业带来更多的机会，主业持续的资源供给和能力提升，是副业稳步发展的基础，而副业收入会随着机会的增多而增加，同时副业会在一定程度上增加家庭的经济收入，体现出工作—家庭相互增益的积极影响。

综上所述，随着零工经济的发展，从事副业的群体规模不断扩大，学术界对零工经济的关注度逐渐增加，一些学者开始对零工经济的概念、影响因素和作用机制等开展研究。与传统意义的零工经济不同，今天普遍提及的零工经济是基于互联网和新兴信息技术的“新零工经济”（郑祁、杨伟国，2019b），推动“新零工经济”发展的主要原因是互联网和新兴信息技术的应用，工作类型、工作时间和工作形式越来越灵活，使传统的全职工作和用工模式正在消失（Mulcahy，2017）。零工经济的兴起创造了越来越多的线上工作岗位，工作者不再受固定工作时间与地点的约束（杨滨伊、孟泉，2020）。在线工作平台通过互联网可以提高个体选择工作时间、工作地点和工作强度的自主权（Barnes et al.，2015），相较于传统工厂体制下的时间规训体系，零工体制下的时间规训体系使劳动者更容易产生“劳动自由”的认知（唐晓琦，2022）。但也有学者持不同观点，认为算法管理作为新型数字化管理工具，对平台工作者实施了严格的算法控制机制，这种控制机制可能与平台工作的灵活性和自主性相矛盾（Duggan et al.，2020；Rani & Furrer，2021）。平台算法管理将劳动者置于监管之下，零工者实质上受到比传统工作更为严苛的劳动控制（吴清军、李贞，2018），在追求更多工作自主性的过程中无奈而主动地配合平台的时间控制，反而加剧了工作的时间紧迫感（李胜蓝、江立华，2020）。零工经济的发展为人力资源管理实践提供了新场景与新机遇，区别于传统企业员工的 HRM，平台零工工作者的 HRM 面临诸多变化和挑战（郑祁、杨伟国，2019a；Colbert et al.，2016；Duggan et al.，2020）。已有研究主要关注了零工经济中的平台控制、人力资源管理和工作模式等组织层面的问题，甚少关注零工经济背景下从事副业对个体层面的影响，如对个体幸福感、工作绩效、工作—家庭关系等的影响。

因此，本书基于 W-HR 模型，试图通过个人资源的变化，进一步探究零工经济背景下个体从事副业对个体幸福感的影响，从而丰富该领域的研究。

第二节 研究问题

随着消费方式和生活方式的转型，以及新生代劳动者职业价值观的转变，与互联网和信息技术紧密结合的零工经济已成为一种新型人力资源分配模式，一部分劳动者在保留主业工作的基础上，利用其知识、爱好和技能选择自主性强、灵活度高的副业。副业的工作投入和工作资源对个体的压力、行为、态度、身体健康、幸福感知等具有重要影响。因此，个体的薪酬收入、工作—家庭关系、幸福感等在一定程度上取决于副业的工作投入和工作资源的分配。

综合上述实践背景和理论背景，本书基于工作—家庭资源模型探讨以下三个问题：

第一，研究在零工经济背景下，个体从事副业对于个体幸福感产生的影响是提升还是伤害？

第二，探讨副业的工作投入对个体幸福感产生影响的路径，尝试引入工作—家庭关系为中介变量，探讨副业的工作投入是否通过工作—家庭关系影响个体幸福感。

第三，研究从事副业的工作投入与个体幸福感产生关系的边界条件。探讨副业动机对上述路径可能存在的调节作用。具体而言，从事副业的个体，在工作—家庭关系影响个体幸福感这一路径是否受到副业动机的调节影响。

本书期望通过研究零工经济背景下副业与个体幸福感之间的关系以及影响路径，构建一个零工经济背景下提升个体幸福感的模型，并期望通过实证数据验证这一模型，从而丰富该领域的研究。

第三节　研究意义

一、理论意义

第一，本书对零工经济背景下副业对个体幸福感的影响路径进行探究，深化了零工经济的研究领域，是现有研究的重要补充。零工经济下的新型用工模式给人力资源管理带来了挑战，更加灵活和自主的工作方式，为有主业工作的个体提供了更多从事副业的机会，这种用工模式对社会、企业和个体有何影响？从事副业的动机不同，会产生不同的影响吗？其影响的机理是什么？已有文献在描述零工经济的用工模式时，多关注其带来的优势和机遇，但却较少谈及该模式带来的一系列问题和影响，很大程度上是因为零工经济还属于发展中的新兴事物，并不成熟。

第二，本书在关注副业对个体幸福感的直接影响外，还致力于揭示副业与个体幸福感之间的关系模型，研究副业对个体幸福感影响的可能解释机制。现有关于个体幸福感的影响因素的研究主要可以分为以下三类：一是工作特征；二是个体因素；三是收入水平。从工作特征视角看，已有文献中与工作对个体幸福感影响相关的研究，多数探讨工作动机、工作投入等工作层面的变量在此关系之中的中介作用机制（Demerouti & Bakker，2011；Bakker et al.，2014）。研究表明，工作资源能够通过工作投入对个体的工作满意度产生影响（Demerouti & Bakker，2011），而工作动机对工作资源与员工的生活满意度之间的关系存在中介作用（Bakker et al.，2014）。这些研究主要关注工作层面的因素，实际上，副业的工作投入同时会对主业工作和家庭关系产生影响，进而对个体幸福感产生至关重要的影响。以往的研究中，副业通常被视为具有负向影响的压力源，着重探讨副业对幸福感可能产生的消极影响。过高的工作要求将消耗个体所拥有的资源，而工作资源的缺乏则会导致个体难以顺利完成工作。工作要求和工作资源的相互作用会引发损耗过程，影响个体的行为与态度，持续激活状态会导致个体生理、心理资源的耗竭，从而出现工作动机、工作满意度和工作绩效等的下降（Bakker et al.，2004；Xanthopoulou et al.，2007b）。这些研究更多强调副业对主业工作和家庭关系的损耗，而忽略了副业的增益性功能。因此，从工作—家庭层面解释工作和家庭之间的消耗和增益关系，能进一步厘清副业影响个体幸福感的作用机制，拓展个体幸福感的研究领域。

二、实践意义

第一，零工经济在某种程度上是传统自由职业的扩展，已经成为拓宽就业渠道、增长就业机会的重要经济模式，吸引着越来越多具有工作剩余精力的固定职业工作者参与。在此背景下，副业对个体幸福感会造成何种影响，是否会从获得经济性回报拓展到产生良好的非经济性回报，如个体幸福感的提升等，有利于零工从业者正确对待副业，保持工作—家庭平衡，促进这种新型用工模式的健康可持续发展。

第二，从事副业的动机影响了个人资源的分配，如时间、精力或情绪，随着个人资源在副业上的消耗，对主业工作和家庭的影响可能呈现两种状态：一种是冲突，副业消耗了个人资源，降低了主业的工作绩效和引发家庭矛盾；另一种是增益，副业增加了个人资源，提高了主业的工作业绩和丰富了家庭资源。因此，从零工从业者自我管理的角度来说，本书可以为如何协调主业—副业投入间的资源分配，以及可以采取何种措施实现工作—家庭增益、提升个体幸福感提供参考。

第四节　研究对象、研究方法及技术路线

一、研究对象

本书的研究背景为零工经济，即基于互联网和其他科技的，以数字平台为基础的具有“即时性”的新兴经济模式。《国务院反垄断委员会关于平台经济领域的反垄断指南》（国反垄发〔2021〕1号）指出，平台是指通过网络信息技术，使相互依赖的双边或者多边主体在特定载体提供的规则下交互，以此共同创造价值的商业组织形态。该定义表明了平台经济体的三个核心内涵：一是要借助互联网、数字化和智能化技术；二是通过价值共创获得

可持续发展；三是通过双边或多边交互，形成网络集聚效应，产生良性循环。零工经济下的平台更像一种零工市场资源配置的有效机制，实现了劳动需求供给双方的点对点高效即时匹配（罗斯，2015）。

平台经济体的出现催生了零工工作者这一新兴工作群体。零工工作者与平台只建立短期的交换关系，不再是传统劳动关系下的员工，没有受雇于某一个明确的组织，是一定意义上的自由职业者（Kuhn & Maleki，2017）。零工工作者与传统企业员工以及与平台建立固定劳动关系的员工不同，零工工作者通过数字平台为需求者按需提供产品和服务。因此，零工工作者是指与平台签约或通过平台直接向市场出售短期劳动力的独立的自由职业者（Ashford et al.，2018），也可以定义为在数字市场基于单个任务或项目按需工作的工作者（Schroeder et al.，2021）。从以上定义可以看出，零工工作者通过数字化平台获得工作机会（Colbert et al.，2016；Haas et al.，2015），工作方式灵活独立，工作内容以任务或者项目为单位（Schroeder et al.，2021）。

基于研究背景和研究问题，本书最终选择的研究对象为有主业工作，同时借助数字平台从事副业的个体。研究对象具有两个明显特征：一是有主业工作，同时从事副业；二是所从事的是基于数字平台的副业，如用业余时间从事微商、平台主播、自媒体运营、知识类平台接单等工作。虽然本书的相关研究结果可能也适用于仅从事零工工作的个体或灵活就业者，但考虑到工作性质以及工作内容方面存在明显差异，本书仅以借助数字平台从事副业的个体为研究对象。

二、研究方法

本书主要运用理论分析构建副业对个体幸福感的影响因素的研究框架，提出相应的研究假设，在此基础上通过实证分析来进行验证，得出相关的研究结论。在这个过程中，主要运用了文献分析法、问卷调查法和统计分析方法等。

1. 文献分析法

为探讨个体幸福感的影响因素及其作用路径，本书分别对工作—家庭资源模型、工作投入、工作—家庭关系、个体幸福感和零工经济等相关文献进行了收集、整理与归纳，在明晰本书研究的核心概念的基础上，总结个体幸福感领域内的理论发展与研究动态，对现有个体幸福感影响因素的相关研究进行归纳分析。通过文献梳理，发现工作投入能够影响个体幸福感，也会对工作—家庭关系产生影响，从而进一步影响个体幸福感。而动机因素可能对工作—家庭关系与个体幸福感之间的关系存在调节效应。考虑到这些关系将受到不同工作要求的影响，如全职工作要求、副业要求等，而目前对于零工经济背景下副业对个体幸福感影响的研究十分匮乏，本书在对已有研究成果进行归纳分析的基础上，建立了本书研究的基本框架。

2. 问卷调查法

本书聚焦于探讨个体幸福感，而幸福感具有主观性，因此在数据收集过程中使用问卷调查法，问卷样本数据是本书研究的主要数据来源。为保证收集的样本数据有较高的信效度，本书提出的理论模型中所有关键变量的测量量表，均选取国外高水平期刊文献中的成熟量表，采用翻译—回译程序对量表进行修改，使翻译后的量表尽可能符合中国情境，并最大限度保证量表的质量。

3. 统计分析方法

本书采用实证统计分析方法分析问卷调查收集的数据，采用 SPSS 统计软件对其进行有效处理。首先对数据进行描述性统计分析，通过各变量的信度检验、效度检验和共同方法偏差检验等检验量表有效性；其次进行各变量间相关分析，在此基础上用线性回归检验实证模型中的变量关系、中介效应和调节效应，并进行模型的拟合与优化，从而对研究模型和研究假设进行检验证明。

三、技术路线

本书从实践与理论背景出发，综合多种研究方法，对零工经济背景下副业对个体幸福感的影响因素及作用路径进行分析。本书的技术路线如图 1-1 所示。

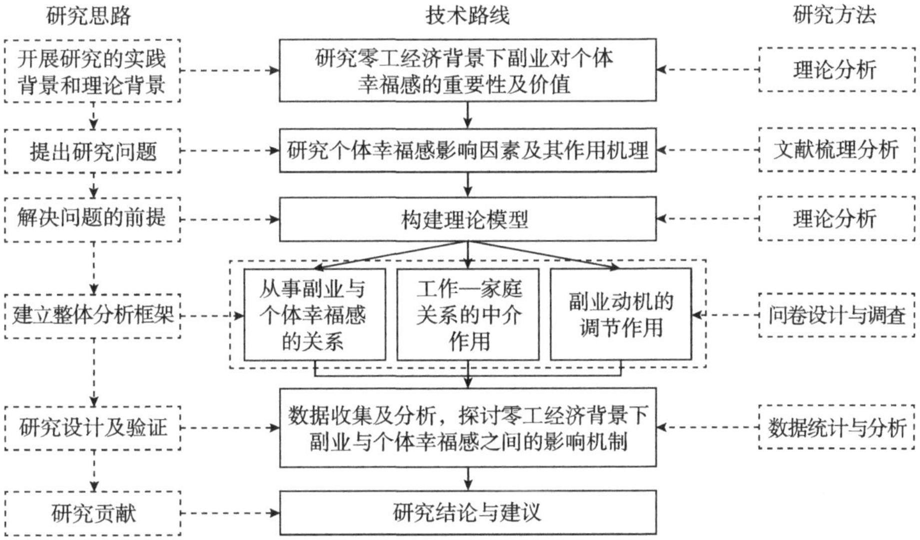

图 1-1　本书的技术路线

第五节　研究内容与章节安排

本书具体章节安排如下：

第一章，绪论。介绍本书的研究背景、研究问题和研究意义，并且对本书的研究对象、研究方法、技术路线和主要研究内容进行了较为详细的阐述。

第二章，文献综述。对相关文献进行全面的梳理和总结，包括个体幸福感研究、工作投入研究、工作—家庭关系研究、零工经济研究等，为后续章节的研究开展提供坚实的理论基础。

第三章，理论基础、研究假设与模型构建。首先对本书的主要理论基础——工作—家庭资源模型进行全面分析，其次提出研究假设，并进行详细的阐述与分析，最后构建研究模型。

第四章，研究设计。介绍了本书的问卷设计、变量测量、问卷收集、样本特征和研究中使用的统计分析方法。

第五章，数据分析与假设检验。主要是对通过问卷调查回收的样本数据进行分析，包括量表信度检验、共同方法偏差检验、量表区分效度检验、变量间的相关性分析、控制变量对个体幸福感的影响分析、回归分析和假设检验、假设检验结果汇总，对本书提出的理论模型与假设予以验证。

第六章，讨论与结论。分析实证结果所包含的意义，并结合理论与实践，探讨本书的理论贡献与实践意义，指出本书存在的局限性，并对未来的研究方向进行了展望。

第二章　文献综述

第一节　个体幸福感研究

一、个体幸福感的概念内涵

幸福感包括个体对生活（如家庭、情绪和精神等）和工作（如工作本身、工作氛围等）的满意（Danna & Griffin，1999）。基于对幸福的不同理解，西方哲学史上有两种主要的观点，分别是古希腊哲学家伊壁鸠鲁（Epicurus）提出的快乐论幸福观和亚里士多德（Aristotle）提出的实现论幸福观（邢占军、黄立清，2004a）。快乐论幸福观是以享乐为导向，即享乐主义，将幸福定义为对快乐的主观体验；实现论幸福观是以实现人的潜能为导向，即快乐主义，认为幸福是个人成就、自我实现或自我定位的结果（Ryan & Deci，2001；Zheng et al.，2015）。幸福感是一个多维度构念，目前，学术界对幸福感的界定主要分为主观幸福感和心理幸福感（Ryan & Deci，2001；Zheng et al.，2015；赵宜萱，2015）。对主观幸福感的关注主要源于享乐主义，对心理幸福感的关注主要源于快乐主义（Zheng et al.，2015）。主观幸福感是指个体基于自己的主观标准对自己生活质量的全面评价，包括生活满意度和情绪体验（Diener，1984，2000；Zheng et al.，2015）。心理幸福感是指个体心理功能的良好状态以及个人潜能的发挥（Zheng et al.，2015），主要包括自我接受、个体成长、生活目的、与他人建立积极的关系、环境掌控和自主性六个基本要素（Ryff，1989a，1989b，1995）。

1. 主观幸福感

1967年，美国学者Warner Wilson在《自称幸福感的相关因素》一文中对主观幸福感的研究进行了回顾，综合了源自心理学的情绪幸福感模型与源自社会学的认知幸福感模型，形成了主观幸福感理论模型。基于有限的数据，Wilson认为，幸福的人应该具有年轻、健康、受过良好的教育、收入丰厚、乐观、高自尊、工作舒适、适度的自我激励、有智慧等特征。Wilson的综述发表后，“主观幸福感”这一概念成为研究主流，在随后的50多年里，学者们对主观幸福感进行了大量研究。苗元江（2011）按时间顺序回顾和总结了学者们对主观幸福感的研究，可以划分为以下五个阶段：第一阶段，20世纪60~70年代，研究主题是调查幸福感，主要是沿着人口统计维度进行实证调查，研究人员选择不同群体进行简单的幸福和满意测量，根据测量结果描述被测群体的幸福感的平均水平（Diener，2000），侧重比较不同群体的幸福感差异，主要回答了什么样的人幸福感比较高。这一阶段的研究结论表明，人口统计学变量对幸福感的解释力不足，由于外部因素影响较小，并不能完全决定主观幸福感，于是学者们转向研究内部因素来解释主观幸福感的变异性，以提供比人口统计学研究范畴更加深入、更加开阔的视角，从而能够更深入、清晰地理解与洞察主观幸福感（吴明霞，2000）。第二阶段，20世纪80年代，研究主题是解释幸福感，对主观幸福感的研究从外部因素转至内部心理机制，试图解释一个人幸福感产生的内在机制，研究人员根据不同的理论基础，建立人格理论、目标理论、活动理论及判断理论等幸福感理论，重点解释个人幸福感产生的心理机制。这一阶段的重要特征是从外部决定转移到内部决定，深化了对主观幸福感的认识。第三阶段，20 世纪 90 年代，研究重点是幸福感的理论建构与量表编制，如 Diener 的总体生活满意度量表（SWLS）和 Waston 的积极情绪和消极情绪量表（PANAS）等，让幸福感看得见，摸得着，推动了幸福感量化研究的发展。第四阶段，21 世纪以来，主要研究幸福感的应用问题，许多专家学者提出构建"幸福指数"，从关注个体的物质层面（如物质需求、经济条件等），转移到关注个体的精神层面（如精神追求、心理感受等），用幸福指数衡量个体的心理状态，尤其是个体的主观感受状态（苗元江等，2009）。第五阶段，未来 10 年，研究主题将会是如何提升幸福感，研究者致力于探讨获得幸福的各种途径和方法，把幸福感研究成果转化为个体切实的幸福，如通过积极心理学中的幸福感"操控"来增加"幸福量"。

关于主观幸福感的定义，Shin 和 Johnson（1978）将主观幸福感定义为：个体根据自己选择的标准对生活质量的整体性评价。Diener 等（2002）对前人的研究成果进行了总结，把主观幸福感定义为：个体对生活的主观的和情感的评价，关注个体内在的主观感受，不依赖于外界具体的客观标准，如果个体拥有高水平的生活满意度、高水平的积极情感和低水平的消极情感，那么这个人就会体验到高水平的主观幸福感。因此，主观幸福感主要包括生活满意度、积极情感和消极情感三个要素（Diener et al.，1999）。

2. 心理幸福感

心理幸福感的概念是基于实现论提出的，强调个体的自我实现是幸福感的重要组成部分。在实现论者看来，主观幸福感并不等同于真正的幸福。Warr（1999，2007a，2007b）和 Ryff（1989a，1989b，1995）认为，幸福感的研究包含行为和动机两个方面的内容。Warr 等（1979）指出，个体的幸福感体验主要包含两个方面：情绪体验和认知体验。其中，情绪体验指的是个体体验到的积极与消极的情感，认知体验则包括期望、个人成长等内容。Ryff（1995）在人生全程理论背景下所做的有关幸福感的研究指出，幸福感的内涵不仅包含个体体验到的快乐感受，真正决定个体幸福感的因素是个体能否通过自身潜能的发挥以实现所追求的目标，如自我成长、自我实现、掌握自主性以及个体对环境的适应性等。Jahoda（1958）认为，一个人有多种健康的心理机制：自我接受、现实感知、自主权、环境掌控、与他人积极的关系、成长与发展，以及人格整合等。Waterman（1993）则认为，心理幸福感是一个积极的心理功能，包括个人表现的幸福和享受幸福感，同时也强调真我的实现。

本书主要关注家庭场域中个体的幸福感，参照先前研究中关于个体幸福感的相关概念界定，将个体幸福感定义为个体对自身在生活中的体验和情绪的总体质量所做出的评价。在具体测量方式的选择上，结合已有研究所采用的指标，最终采用了包含主观生活评价（如生活满意度）和情绪评价（如积极情绪）两方面内容的指标。

二、个体幸福感的维度和测量

1. 主观幸福感的维度和测量

主观幸福感是以个体的主观感受进行评价的，主要的测量方法是自我报告法，但这种测量方法主观性较强，可能导致测量结果有较大偏差，因此还需结合客观的测量方法，以便能够更为准确且完整地测量主观幸福感。Bradburn（1969）认为，积极情感与消极情感的影响因素存在差异，因此，他将积极情感与消极情感划分为两个独立的维度。神经心理学领域的相关研究结果也显示，个体在体验积极情感和消极情感时，大脑的活跃区域是不同的（Davidson，2000），支持了产生积极情感与消极情感这两种感情的生理机制存在差异这一观点。Schaufeli 和 Bakker（2004）的研究结果支持了“幸福感的积极和消极方面并不是完全对立的”这一观点。因此，主观幸福感的积极情感和消极情感需要作为独立变量进行测量，这有助于发现它们与不同的工作或工作环境因素之间存在的差异化关系，有利于更好地实现情感—工作匹配，从而达到更有效地激励员工、提高工作绩效的目的。在此基础上，Lucas 等（2000）和 Elliot 等（1997）的研究也进一步证实，幸福感包含三个独立的因素，即生活满意度、积极情感和消极情感。个体的生活满意度指基于一定的评价标准，评价者对生活各个方面的满意度所做出的总体判断。Diener 等（1999）将主观幸福感划分为四个维度，即积极情感、消极情感、个体对生活的满意度和个体对生活的满意度评价。高水平的主观幸福感表现为个体有较高的生活满意度，时常体验到积极的情感，较少体验到消极的情感，而低水平的主观幸福感则刚好与之相反（张进、马月婷，2007）。学者们在后续的研究中对主观幸福感的相关研究进行了总结，最终形成了主观幸福感的三维度结构模型：积极情感、消极情感及认知因素，其中，认知因素维度由总体生活满意度和对生活各方面的满意度评价合并而成。

由于主观性较强，主观幸福感一直没有形成统一的测量方法，但随着相关研究的不断丰富，主观幸福感的测量量表也日趋完善。较有代表性的测量量表有：Campbell 等（1976）编制的《幸福感指数量表》（*Index of Well-Being*）、Bradburn（1969）编制的《情感量表》、段建华（1996）修订的《总体幸福感量表》和邢占军（2003）编制的《中国城市居民主观幸福感量表》等。

2. 心理幸福感的维度和测量

基于不同的理论视角，学者们对心理幸福感的界定也存在差异。Waterman（1993）认为，幸福感是个体与真我的协调一致。幸福是一种全身心的投入，它发生在个体从事与深层价值最匹配的活动之中。幸福分为个人表现的幸福和尽情享乐的幸福两种类型，个人表现的幸福是指当个体充分发挥自己的潜力并全身心投入活动中时，体验到自我实现的快乐；尽情享乐的幸福是指个体在活动中感知到心理和生理的需要都被满足。在前人研究的基础上，Van Horn 等（2004）编制了幸福感问卷，问卷共包括动机、心因性身体症状、认知幸福感、情绪幸福感和社会幸福感五个维度的内容。而 Ryff 和 Singer（2006）认为，幸福感除了包含对生活满意度及情绪的评价之外，还应包含积极层面，因此，他们提出了包含六个维度的心理幸福感模型，即把心理幸福感分为自主性、环境可控性、自我接纳、与他人的积极关系、生活目标及个人成长六个维度。自主性即个体能够按照自己的标准独立做出决定；环境可控性即个体有能力管理环境因素，善于选择和利用机会；自我接纳即个体对过去的生活感到满意；与他人的积极关系即个体善于建立热情和信任的人际关系；生活目标即个体在生活中具有明确的努力目标和发展方向；个人成长即个体能够不断成长，并随着时间的推移而获得成果。这一模型充分考虑了个人对自身及周围环境的认知因素。

在心理幸福感的测量上，学者们也并未达成一致，与主观幸福感的测量相比，心理幸福感的测量更加分化。学者们会选取相应的操作化定义来满足自己实证研究的需要。Waterman（1993）编制了《个人表现行为问卷》，并利用实证数据检验了快乐与个人表现之间的相关关系。邢占军和黄立清（2004b）检验了 Ryff 和 Singer（2006）编制的六维度心理幸福感量表在中国情境下的适用性，以中国城市居民为样本进行了实证研究，结果显示，该量表的全量表及各分量表的信度系数在可接受范围内，但是结构效度并不理想。在此基础上，他们编制出《中国城市居民心理幸福感量表》，选取九个维度，分别是自我管理、自主感、自我满足感、成就感、自我成长、人际适应、创新意识、压力感和未来感，经过验证，该量表信度、效度良好。崔春华等（2005）以中国高校在校大学生群体为研究对象进行了实证研究，结果表明，Ryff 和 Singer（2006）编制的心理幸福感量表的内部一致性较好，但各维度的信度系数均低于标准，结构效度也不够理想，因此，Ryff 和 Singer（2006）编制的心理幸福感量表对大学生这一特定群体的适用性不强。

三、个体幸福感的相关研究

影响个体幸福感的要素较多，根据本书研究的主要内容，重点关注工作特征、个体因素和收入水平这三个要素对个体幸福感影响的相关研究。

1. 工作特征与个体幸福感

在 Diener 等（1999）对主观幸福感的定义中，工作会对个体幸福感产生影响，包括工作本身对个体幸福感的影响和工作相关因素对个体幸福感的影响两个方面。

研究表明，与没有工作的个体相比，拥有工作的个体可能更幸福，以及拥有丰富技能的个体可能会更幸福（Oswald，1997；Argyle，2001）。个体的工作能与拥有的技能、天赋和才能有效匹配，在工作时拥有一定的自主权，并且工作任务呈现多样性，此时个体的幸福感较高（Csikszentmihalyi，1975；Warr，1999）。因此，当个体所从事的工作有较强的自主性时，个体的幸福感也会相对较高（任华亮等，2019）。挑战性的工作要求能够促进个体的积极情感和工作投入，阻碍性的工作要求则会阻碍个体的幸福感体验（Vujcic et al.，2017），产生消极情感，具体表现为，阻碍性的工作使个体感知到较高的工作压力，难以完成工作要求，进而影响职业发展，这些体验会对个体造成较多的消极情感，可能会降低个体的幸福感。此外，职场中的压力也会抑制个体感知幸福感（Danna & Griffin，1999）。当个体在职场中感受到人际关系压力，会感知到自己无法与其他团队员工和睦相处，从而使个体意识到可能无法或较少得到团队其他成员的帮助，此时个体会感知到较高的消极情感，无法在工作过程中体验到幸福感，即降低了个体幸福感。

2. 个体因素与个体幸福感

现有文献研究结果表明，个体的心理状态、行为和动机会显著影响个体幸福感。

（1）在心理状态方面。当个体所感知到的心理授权和权利距离水平呈上升趋势时，个体幸福感也随之上升（郑晓明、刘鑫，2016）。感恩、正念和自我和谐与个体幸福感呈正相关关系（Carmody & Baer，2008；McCullough et al.，2002；Sheldon et al.，2004）；个体的基本心理需求满足对个体幸福感产生正向影响（Van den Broeck et al.，2010；Ilies et al.，2017）。马丽和马可逸（2021）研究发现，和谐工作激情和强迫工作激情对工作—家庭冲突具有显著影响，进而作用于个体幸福感的体验。具体表现为，具有和谐工作激情的个体对工作抱有极高的热情和情绪，认同工作本身，将工作当作实现个人价值的重要内容，此时，个体会合理处理家庭和工作之间的问题，保持工作领域与家庭领域之间的平衡，进而降低工作与家庭的冲突水平，个体幸福感将随之提高。反之，具有强迫工作激情的个体通常会追求外部因素，感受到消耗，这种消耗能量的状态通常会阻碍解决工作中的问题，进而需要投入更多的时间和精力等个人资源到工作中，导致没有足够的个人资源投入家庭中，从而提高了工作与家庭的冲突水平，个体幸福感随之下降。

（2）在个体行为方面。研究发现，当个体工作投入水平上升时，也会提升个体的幸福感体验（常飞、王詠，2017）。然而，工作投入与幸福感之间的关系也会受到个体类型的影响，内在抑制型个体的工作投入水平较高时，个体的心理幸福感将呈下降趋势，而高度激发型个体和内在偏高型个体的工作投入水平较高时，个体的心理幸福感将呈上升趋势（陈春晓等，2020）。记录感恩和帮助他人的行为可以正向影响个体的积极情绪，并且提升个体的生活满意度，使个体体验到更高的幸福感（张巍等，2014）。此外，亲社会工作行为也会提升个体的幸福感（Weinstein & Ryan，2010），具体表现为，当个体的亲社会行为水平较高时，个体倾向于更多地为他人提供帮助，这些帮助可能会增强个体的胜任感和自主感，与他人建立和保持良好的人际关系，持续的亲社会行为会使这种良好的人际关系变得更加稳定，进而促使个体感知到高水平的归属感，最终提高了个体的幸福感（Martela & Ryan，2016）。

（3）在个体动机方面。当个体对工作或者相关活动具有较高的兴趣时，个体更容易在工作中或者在参与这些活动时找到乐趣并且体验到快乐，在这个过程中，个体将体验到更多的积极情绪，这些积极情绪将帮助个体体验到更高水平的幸福感。因此，内部动机或自主动机高的个体，他们的幸福感水平也会相应较高（Schmuck et al.，2000；Slemp et al.，2018）。

3. 收入水平与个体幸福感

收入水平与幸福感之间的关系一直存在争议，一般认为，与收入低的个体相比，收入高的个体有更高水平的幸福感，但从个体的生命周期来看，个体的幸福感体验并不一定随着收入的持续增加而持续提高。学者们通过实证研究发现，收入水平与幸福感之间存在一定的相关关系。相较于高收入群体，低收入群体的收入水平与幸福感之间的相关性更强（Diener & Biswas-Diner，2002；Dolan et al.，2008）。也有研究发现，收入水平可以调节非经济性因素对幸福感的影响，变量之间的作用随着收入的增加而逐渐增加（Diener et al.，1992）。此外，宏观因素也会对收入水平与幸福感之间的关系产生影响。在大部分发达国家，收入水平与幸福感之间的关系较弱（Frey & Stutzer，2000；Caporale et al.，2009），甚至不再显著（Diener et al.，2002）。而在发展中国家，收入水平显著正向影响幸福感（Brockmann et al.，2009）。因此，收入水平与幸福感之间的关系并不稳定，会受到环境、时间等因素的影响而发生变化。

第二节　工作投入研究

一、工作投入的概念内涵

随着积极心理学研究的不断推进，工作投入作为能够反映个体积极特质的构念被学术界广泛关注（胡少楠、王詠，2014），成为理论派和实践派共同关注的热点话题（李锐、凌文轮，2007），并取得了丰富的研究成果。关于工作投入的概念，现有研究主要基于角色理论视角、工作倦怠的对立面视角和情感激励视角展开讨论。

1. 基于角色理论视角

Kahn（1990）提出了工作中个人投入的概念，并把工作投入的概念定义为：组织成员全身心地投入工作角色，能够在工作角色中充分展现自我的一种积极状态。Kahn（1990）指出，员工个体和其工作角色之间的关系是动态转化的，当工作投入程度较高时，个体会融入工作角色之中，反之，当工作投入程度较低时，个体会脱离工作角色。研究发现，工作投入水平高的个体，在生理上会积极主动地参与工作任务，在认知上保持专注、谨慎和机敏，在情绪上能够清晰表达在工作中的思想和感受，并能与人产生共情，建立良好的个人关系。基于此，Kahn（1990）在界定工作投入的概念时明确提出了生理投入、认知投入和情绪投入三个维度。具体而言，生理投入是指个体对工作角色的参与程度，主要指个体在生理层面的参与；认知投入是指个体对工作角色的专注和敏捷，以及对自我工作角色任务和目标的清晰认识程度，主要指个体在认知层面的参与；情绪投入是指个体在参与工作角色任务时的情绪状态和情感关系。Rothbard（2001）在研究工作和家庭的角色投入时，采用了 Kahn（1990）对工作投入的定义，但 Rothbard 只关注了个体在角色中的注意和专注这两个关键因素。其中，注意是指认知可获得性和个体在不同角色上所花费的时间；专注是指在角色中的全神贯注，表示一个人对角色关注的强度。由此可见，Rothbard 的研究仅仅关注了工作投入中的认知维度，并没有涉及生理维度和情绪维度。

2. 基于工作倦怠的对立面视角

部分学者将工作投入看作工作倦怠的对立面。Maslach 和 Leitear（1997）认为个体的工作状态存在两个对立的方面，即工作投入和工作倦怠，即个体不是处于工作倦怠的状态就是工作投入的状态。基于此，Maslach 和 Leitear（1997）将工作倦怠界定为个体不能有效应对工作中的一系列压力而产生的一种长期的消极反应，主要表现为情绪耗竭、讥消和低效能三个方面；工作投入则是个体在执行工作角色任务时表现出来的一种身心高度参与、情绪情感积极的一种工作状态。但也有学者认为工作投入与工作倦怠之间并不是完全的对立关系。Schaufeli 等（2002）认为，工作投入和工作倦怠是两个独立的概念，各自具有独立的概念内涵，并不是完全对立的正反两面。Maslach 和 Leitear（2008）也在研究中指出，工作投入和工作倦怠之间并不是完全的对立关系，不能简单地把工作投入理解为工作倦怠的完全对立面，如处于工作倦怠状态的个体也会产生工作投入。同样地，非工作倦怠的个体不一定就是工作投入的（胡少楠、王詠，2014；王彦峰、秦金亮，2009）。

3. 基于情感激励视角

Schaufeli 等（2002）认为，工作投入的概念内涵比工作倦怠的对立面更为复杂，非工作倦怠的个体不一定就是工作投入的个体。基于幸福感的“快乐”和“激发”维度，他们认为工作投入是一种积极的、充实的、更持久、普遍的情感与认知状态，因此，把工作投入定义为个体在工作中表现出来的一种积极的情感激励状态，主要体现在工作活力、工作奉献和工作专注三个方面。其中，工作活力是指个体在工作中具有良好的精神和精力水平，表现出了努力工作的状态和勇于克服困难的坚韧；奉献是指个体积极地把身心资源投入工作中，并积极追寻和感受工作的意义；专注则是指个体能沉浸到工作中，并感受到愉悦。工作投入这一概念自身即个体的一种积极的正性体验，体现为个体在工作中表现出的高能量水平以及强烈的认同感，同时能够做到精力专注不涣散。

二、工作投入的维度和测量

在已有界定的基础上，现有研究对工作投入进行了维度划分和量表开发。与概念界定相一致，现有研究对工作投入维度的划分也基于不同的理论视角，主要基于角色论视角、工作倦怠对立面视角和单独构念视角进行维度划分和量表开发。

1. 基于角色论视角

Rich 等（2010）以 Kahn（1990）对工作投入的界定为基础，对工作投入的量表进行了编制。他们编制的量表与 Kahn（1990）对工作投入的界定保持一致，包括生理、认知和情绪 3 个维度。在生理投入维度上，Rich 等（2010）采用并修订了 Brown 和 Leigh（1996）的工作强度量表来测量生理投入，包括 6 个题项；在认知投入维度上，Rich 等（2010）从 Rothbard（2001）的有关投入的量表中提炼了 6 个题项来测量认知投入；在情绪投入维度上，Rich 等（2010）修订了 Russell 和 Barrett（1999）的有关核心情感的量表，编制出情绪投入维度测量题项，包括 6 个题项。

2. 基于工作倦怠对立面视角

Maslach 等（2001）把工作投入作为工作倦怠的完全对立面，通过反转工作倦怠的维度来划分工作投入的维度。具体而言，他们将工作倦怠的 3 个维度，即情绪耗竭、讥诮和低效能进行反转，得到工作投入的 3 个维度，分别是高能量、高卷入和高效能。同理，对于工作投入的测量，他们把工作倦怠量表各个测量题项进行反向计分来测量工作投入。在这一观点下，对工作投入主要是用 Maslach 等（1986）开发的马勒诗倦怠量表（Maslach Burnout Inventory，MBI）进行反向计分的方式进行测量，该量表有 3 个维度，共计 29 个题项。

3. 基于单独概念视角

Schaufeli 等（2002）认为，工作投入和工作倦怠是两个独立的概念，若将两者视为极端的对立面，则不能有效区分两个变量的不同之处，不利于揭示工作投入的本质和具体特征。工作投入作为一个独立的构念，不应与工作倦怠使用同一量表进行测量。因此，Schaufeli 等（2002）开发了 Utrech 工作投入量表（Utrecht Work Engagement Scale，UWES）对工作投入进行独立测量。该量表包含工作投入的活力、奉献和专注 3 个维度，共计 17 个测量题项，其中 6 个题项用来测量工作活力，5 个题项用来测量工作奉献，6 个题项用来测量工作专注。2006 年，Schaufeli 等又对该量表进行了修订，测量题项由原来的 17 项精简至 9 项，该量表被相关研究广泛引用（胡少楠、王詠，2014）。Shirom（2003）认为，在 Schaufeli 等（2002）构建的工作投入量表包含的 3 个维度中，活力是关键维度，最能代表工作投入。由此，他们认为工作投入包括体力、情感和认知 3 个维度，并开发了员工活力问卷（Shirom-Melamed Vigor Measure，SMVM）量表。该量表共 14 个题项，其中 5 个题项用来测量体力活力，4 个题项用来测量情感能量，5 个题项用来测量认知活力。为了适用中国情境研究，解决文化适应性的问题，张轶文和甘怡群（2005）通过对中学教师的调研，修订了 UWES 量表，形成了 15 个题项的 UWES 量表，修订后的 UWES 中文版量表较为符合中国情境，并具有较高的信度和效度。

工作投入量表梳理如表 2-1 所示。

表 2-1　工作投入量表梳理

编制者	题项（个）	量表内容
Rich 等（2010）	18	开发了包括生理投入、认知投入和情绪投入 3 个维度的量表
Maslach 等（2001）	29	直接使用工作倦怠量表（Maslach Burnout Inventory，MBI）测量工作投入
Schaufeli 等（2002）	17	开发了包括活力、奉献和专注 3 个维度的 UWES 量表
Schaufeli 等（2006）	9	在 2002 年 17 个题项的基础上修订为 9 个题项
Shirom（2003）	14	开发了包括体力、情感和认知 3 个维度的 SMVM 量表
张轶文和甘怡群（2005）	15	基于中国情境，对 UWES 量表进行翻译和修订

三、工作投入的相关研究

1. 工作投入的前因变量研究

学者们对于工作投入的前因变量展开了大量的研究。Kahn（1990）在界定工作投入的内涵时认为，影响工作投入的前提条件包括意义感、安全感和可获得性，在此前提条件下个体才有可能产生工作投入。在现有的研究结果中，对工作投入产生影响的前因变量主要有三类：一是与工作相关的前因变量；二是与个体相关的前因变量；三是与家庭相关的前因变量。

（1）与工作相关的前因变量。根据工作要求—资源模型，工作要求会降低工作投入，而工作资源则会促进工作投入（Schaufeli et al.，2002）；工作负荷和情感要求也会降低个体的工作投入（Demerouti et al.，2001）。资源可获得性（Schaufeli & Bakker，2004）、工作的丰富性和工作角色的适配性（May et al.，2004）都会不同程度地激发个体的工作投入。如果能够得到明确的职业成长机会，个体的工作热情高涨，常常处于高工作投入的状态（宣燚斐等，2018）。现有研究表明，领导成员关系（Breevaart et al.，2015）、组织支持（Saks，2006）、组织公平和领导风格（Breevaart et al.，2014）等因素都会影响个体的工作投入。例如，组织支持会正向预测员工工作投入（Saks，2006），变革型领导也可能会促进员工工作投入（Breevaart et al.，2014）。Zhang 等（2012）从个体—环境匹配视角探讨了上级和下级主动性人格的一致性对个体工作投入的促进作用。

（2）与个体相关的前因变量。在人口统计学变量方面，性别差异是否会显著影响员工的工作投入，现有研究并未达成一致的观点。例如，Watkins 等（1991）认为，相较于女性而言，男性的工作投入水平较高，而 Schaufeli 和 Bakker（2003）则认为性别对个体的工作投入并不存在显著影响。在年龄方面，Kim 等（2016）认为，个体的年龄与工作投入正相关，工作年限也与工作投入正相关。在个体特征方面，有研究表明主动性人格、坚韧性人格（Britt et al.，2001）会正向影响个体的工作投入；低神经质、高外向性和高责任感的个体具有较高的工作投入水平（Langelaan et al.，2006）；此外，自我效能感（Cotter & Fouad，2012）、自我身份认同（Britt，2003）和正念（Leroy et al.，2013）也会正向影响个体的工作投入。在心理和情绪方面，个体的积极情绪会正向影响个体的工作投入程度（Bledow et al.，2011；Ouweneel et al.，2012）；李伟和梅继霞（2013）的研究表明，当个体对工作充满认同感，对工作内容充满兴趣，发自内心地热爱工作时，会积极主动地投入工作，并付出大量努力；常飞和王詠（2017）的研究发现，当个体具有较高美德时，可以更好地完成工作上的要求，提高自身的工作投入水平。

（3）与家庭相关的前因变量。研究表明，家庭动机强的个体，与家人的日常互动有助于个体产生更高的工作投入状态（苏凤然等，2020）。而当家庭支持水平较高时，个人可以考虑自身爱好与工作的匹配，选择从事自己喜欢的工作，工作投入的水平也会提高（马灿等，2020）。当个体能够较好地处理工作家庭关系、冲突水平较低时，个体的工作投入水平较高（于悦等，2016）。对于女性而言，家庭中的积极情绪会正向影响其在工作中的专注程度（Rothbard，2001）。配偶的工作态度也是影响个体工作投入的重要因素，在家庭中，个体的工作投入程度会受配偶工作投入程度的影响（Bakker et al.，2005）。

2. 工作投入的结果变量研究

工作投入的作用效果主要体现在两个层面，分别为个体层面和组织层面。

（1）个体层面。现有研究表明，工作投入会正向影响个体的积极工作态度，会抑制个体的消极工作态度，会提高个体的工作满意度和组织承诺，也会对个体的离职倾向产生负向影响（Alarcon & Edwards，2011；Demerouti et al.，2015；Saks，2006）。此外，工作投入对个体的主观幸福感也可能产生积极的影响，一般而言，具有高水平工作投入的个体会体验到较高水平的主观幸福感（Knight et al.，2017）。当个体的工作投入水平较高时，个体的工作资源存量会变得比较充足，相应地，个体更乐意表现出良好的工作绩效（吴士健等，2020），有效提升个体的工作绩效（Bakker et al.，2012）。

（2）组织层面。现有研究表明，工作投入会对组织绩效产生正向作用，个体的工作投入水平能够正向预测生产力、利润、客户满意度以及组织绩效等结果变量，并负向预测个体的流失率以及事故发生率（Harter et al.，2002）。工作投入还可以正向预测组织公民行为（Kataria et al.，2013）。在组织内部，个体的工作投入会影响组织内其他成员（如领导和同事）的工作态度和工作行为。例如，Bakker 和 Xanthopoulou（2009）研究发现，个体的工作投入可以在同事之间传递，即个体的工作投入会被同事的工作投入状态影响，与此同时，其也能影响同事的工作投入态度，这种相互传递的影响效应会被同事之间的沟通频率所调节。除了同事之间的平行传递之外，工作投入还会产生自上而下的影响效应，如 Lu 等（2018）的研究表明，领导的工作投入水平会影响下属的工作投入。此外，还有研究表明个体的工作投入会正向影响家庭生活满意度和工作—家庭平衡（Ilies et al.，2017）。

第三节 工作—家庭关系研究

一、工作—家庭关系的概念内涵

工作和家庭是个体主要的两个活动领域。工作是指个人为维持生活所从事的提供服务或者货物的工具性行为，并且通常是指有偿工作；家庭是指以婚姻和抚养关系相关联的具有生物学纽带的一个群体。与工作角色不同的是，家庭角色的工具性是为了保持家庭单元的完整和提升所有家庭成员的幸福感（Edwards & Rothbard，2000）。这两个领域不是相互独立的，而是相互联结和影响的。工作—家庭影响被定义为个体在一个领域内的经历对另一个领域内的经历的影响，这种影响是双向的，即个体的工作可以对家庭产生影响，同时个体的家庭也可以对工作产生影响。组织行为学家和心理学家一直致力于探讨这两个领域之间的联结形式和影响机制，因此，工作—家庭关系的研究内容主要包括工作与家庭的冲突和工作与家庭的增益。

1. 工作—家庭冲突

工作—家庭冲突即工作与家庭两个领域之间的冲突。学者们基于不同理论视角进行探讨，具有代表性的理论视角主要包括角色、边界、认同、文化和支持五个方面。其中，由 Greenhaus 和 Beutell（1985）提出的角色冲突理论影响范围最广。

Kahn 等（1964）基于角色冲突理论提出，工作—家庭冲突是角色冲突的一种类型，即个体的工作角色要求和家庭角色要求之间发生了冲突。Renshaw（1976）指出，工作—家庭冲突是工作领域和家庭领域之间压力相互作用的结果。Greenhaus 和 Beutell（1985）则认为工作—家庭冲突是角色冲突的一种特殊形式，表现为来自工作领域的角色压力和家庭生活的角色压力不相容，参与工作/家庭的角色会使参与家庭/工作的角色变得更加困难。不同个体处于不同情境时，会产生不同的工作—家庭冲突表现。工作—家庭冲突主要表现为时间冲突、压力冲突和行为冲突。时间冲突即由各种角色相互占用时间，使个体难以在同一时间内满足来自工作和家庭的角色期待而引发的冲突。例如，个体因工作需要无法如期参与家庭活动等。压力冲突即个体在从事一种角色活动时产生的紧张情绪和心理压力会影响其从事另一种角色时的表现。例如，个体因为工作压力在回家后仍感到紧张，从而影响家庭生活氛围。行为冲突即一种角色行为与另一种角色行为相冲突，且在角色转换时个体无法及时调整其行为方式。例如，将工作中的处事方式用于家庭成员引起不满而形成冲突。因此，根据角色理论，工作—家庭冲突是指个体的工作角色压力和家庭角色压力之间互相排斥，导致个体的工作角色与家庭角色产生相互冲突的结果（Greenhaus & Beutell，1985）。工作—家庭冲突是一种典型的角色冲突（Greenhaus & Beutell，1985），个体承担多种不同角色的压力和期望超过了自身可接受的范围，从而导致个体产生心理压力或情感苦恼（Kahn，1990）。

Frone 等（1992）认为，工作—家庭关系研究不应过分关注工作对家庭产生的需求与冲突，工作需求会干扰家庭事务的完成和家庭责任的履行，而家庭问题和责任也会影响并干扰工作任务的完成。因此，工作—家庭冲突这一概念具有双向性，分为工作—家庭冲突和家庭—工作冲突，具体表现为，因工作角色投入而影响家庭角色投入的工作—家庭冲突，以及因家庭角色投入而影响工作角色投入的家庭—工作冲突。由于工作—家庭冲突的双向性，探讨冲突的产生机制可以分别从工作和家庭两个领域出发，并比较其产生机制的差异。

2. 工作—家庭增益

受到积极心理学发展的影响，学者们对工作—家庭界面的研究，从消极视角逐渐转为积极视角，认为工作领域和家庭领域不仅有冲突，还存在积极、互益的作用，该作用对工作领域和家庭领域所产生的影响更加值得探究。

Greenhaus 和 Powell（2006）将工作—家庭增益定义为参与工作或家庭其中一种角色的经历能够提高另一种角色（工作或家庭）生活质量的程度。与工作—家庭冲突的概念相同，工作—家庭增益也具有双向性。其中，工作对家庭的增益是指工作经历能够提高家庭生活的质量；而家庭对工作的增益则是指家庭经历能够提高工作活动的质量（Greenhaus & Powell，2006）。

Carlson 等（2006）在 Grennhaus 和 Powell（2006）关于工作—家庭增益构念的定义基础上，将工作—家庭增益两个方向的内容，每个方向分别划分为三个维度，进一步深化了工作—家庭增益的内涵。工作对家庭的增益包括工作对家庭发展（Work-to-Family Development）的增益、工作对家庭情感（Work-to-Family Affect）的增益和工作对家庭资本（Work-to-Family Capital）的增益三个维度。与工作对家庭的增益相同，家庭对工作的增益包括家庭对工作发展（Family-to-Work Development）的增益、家庭对工作情感

（Family-to-Work Affect）的增益和家庭对工作效率（Family-to-Work Efficiency）的增益三个维度。工作对家庭发展的增益是相对获得的技能、知识、行为以及资源而言的，反映了个人在智力和人际关系方面的发展，具体指个体通过工作投入能够获得新的技能和知识等，帮助个体更好地理解问题和处理问题，而这会让个体成为更好的家庭成员。工作对家庭情感的增益是相对情感和态度而言的，具体指对工作投入会让个体产生积极的情感或积极的态度，而这会帮助个体成为更好的家庭成员。工作对家庭资本的增益是相对几类显性心理资本而言的，具体指个体通过工作投入，提升安全感、自信以及成就感等心理资源，这些心理资源能够帮助个体成为更好的家庭成员。家庭对工作发展的增益是指个体对家庭的投入能够使其获得重新定义看待问题和处理问题的技能、知识、行为以及方式等，而这无疑会让个体成为更好的员工。家庭对工作情感的增益是指个体通过对家庭生活的投入会产生积极的情绪或积极的态度，而这会帮助个体成为更好的员工。家庭对工作效率的增益这一维度只存在于家庭对工作增益方向，代表着对时间和效率资源的获得，具体指对家庭生活的投入会增加个体的专注度和紧迫感，这将有助于个体成为更好的员工。

Greenhaus 和 Powell（2006）提出了工作—家庭增益双路径模型，通过这一模型系统阐述了工作—家庭增益的作用机制。该模型认为，资源是解决问题和应对挑战情境的有效资产，资源的产生是增益过程的重要驱动力，并提出工作—家庭增益可以通过工具性和情感性两条路径产生。模型用 A 和 B 来表示工作角色和家庭角色。在工具性路径中，从 A 获得的资源可以迁移到 B 中，以提高 B 的绩效，进而促进 B 产生积极情感。在情感性路径中有两种模式，一种是从 A 获得的资源可以提高 A 的绩效水平，进而促进 A 积极情感的产生，A 的积极情感会提高 B 的绩效水平，进而促进 B 产生积极情感；另一种是通过从 A 获得的资源直接促进 A 产生积极情感，A 的积极情感会提高 B 的绩效水平，进而促进 B 产生积极情感。Greenhaus 和 Powell（2006）

的双路径模型解释了从工作角色中获取的不同类型资源如何影响其自身绩效和积极情感，同时也解释了通过何种路径影响家庭角色中的绩效和积极情感。

二、工作—家庭关系的维度和测量

1. 工作—家庭冲突的维度与测量

学者们对工作—家庭冲突概念与内涵形成了较为一致的观点，并据此开发出测量工作—家庭冲突构念的量表，主要集中在两个方面：一个是包含时间、压力和行为 3 个维度的测量量表；另一个是包含工作—家庭冲突和家庭—工作冲突 2 个维度的测量量表。

最早对工作—家庭冲突的测量并没有考虑其双向性，主要分析工作对家庭产生的影响（Greenhaus & Beutell，1985）。而后，学者们意识到工作干扰家庭和家庭干扰工作应被区分评定，并且应分别测量时间冲突、压力冲突及行为冲突这三种类型。Gutek 等（1991）认为，上述三种类型的冲突各自包含工作对家庭的冲突和家庭对工作的冲突这两个方向，所以三种类型加两个方向组合构成了 6 个维度，量表共有 8 个题项，工作对家庭干预和家庭对工作干预各用 4 个题项来测量。Frone 等（1992）开发的量表共有 4 个题项，工作对家庭的冲突和家庭对工作的冲突各用 2 个题项进行测量。Netemeyer 等（1996）开发并验证了工作与家庭双向冲突的简短量表，包含 10 个题项，用于测量双方向的工作—家庭冲突，其中 5 个题项测量工作对家庭的冲突，另外 5 个题项测量家庭对工作的冲突。Carlson 等（2000）结合 Gutek 等（1991）的研究和边界理论开发了一个有 18 个题项的量表，按工作对家庭的干预和家庭对工作的干预 2 个方向，以及时间冲突、压力冲突和行为冲突 3 种形式，组合成 6 个维度，每个维度使用 3 个题项进行测量。Zhao 等

（2011）改编了双方向工作家庭冲突量表（Bi-directional Scale of Work-Family Conflict），该量表能够较好地的反映个体经历的工作—家庭冲突和家庭—工作冲突情况，且信度和效度较高（见表 2-2）。

表 2-2　工作—家庭冲突量表梳理

编制者	题项（个）	量表内容
Gutek 等（1991）	8	包括工作与家庭双向冲突的 2 个维度，每个维度 4 个题项
Frone 等（1992）	4	包括工作与家庭双向冲突的 2 个维度，每个维度 2 个题项
Netemeyer 等（1996）	10	包括工作与家庭双向冲突的 2 个维度，每个维度 5 个题项
Carlson 等（2000）	18	分为 6 个不同的子量表，分别测量工作与家庭双向冲突的 6 个维度，每个维度 3 个题项
Zhao 等（2011）	11	包括工作与家庭双向冲突的 2 个维度，工作—家庭冲突维度 6 个题项，家庭—工作冲突维度 5 个题项

2. 工作—家庭增益的维度与测量

虽然学者们对工作—家庭增益的研究起步较晚，但较为一致地认为工作与家庭之间存在积极的关系，并且这种关系很有可能是双向的。对于工作—家庭增益的测量，学者们普遍基于 Greenhaus 和 Powell（2006）提出的工作—家庭双路径模型进行量表开发。

Carlson 等（2006）基于 Greenhaus 和 Powell（2006）对于工作—家庭增益的内涵界定，采用严格的问卷开发流程，编制用于测量工作—家庭增益的专用量表。该量表共 18 个题项，包括工作—家庭增益和家庭—工作增益两个方向的子量表，每个子量表有 9 个题项。其中，工作—家庭增益子量表分为工作对家庭的发展、情感以及资本 3 个维度，家庭—工作增益子量表分为家庭对工作发展、情感以及效率 3 个维度，每个维度包括 3 个题项。这两个子量表均通过了信度与效度检验，在研究中被广泛采用，成为国际上较为通用的工作—家庭增益量表。

此外，唐汉瑛等（2009）在参考 Carlson 等（2006）编制的工作—家庭增益量表的基础上，结合中国情境，编制了适合中国情境的工作—家庭增益量表。该量表包含 4 个维度，含有 14 个题项，具体包括家庭对工作在心理方面的增益，家庭对工作在工具方面的增益、工作对家庭在心理方面的增益，工作对家庭在工具方面的增益。该量表内部一致性系数较高，在效度方面也表现良好，在国内研究中广泛采用。

三、工作—家庭关系的相关研究

1. 工作—家庭冲突的研究

（1）工作—家庭冲突的前因变量研究。现有文献对工作—家庭冲突的前因变量进行了充分的研究，发现影响工作—家庭冲突的主要因素涉及三个方面，即工作领域、家庭领域和个体特征。

Michel 等（2011）选取了 178 篇研究中的 1080 个相关系数进行元分析，结果显示，引起工作—家庭冲突的前因变量主要包括工作角色压力（角色过载、角色冲突、角色模糊和时间压力）、工作角色卷入（工作卷入、工作兴趣和工作中心性）、工作中的社会支持（组织支持、领导支持和同事支持）和工作特性（任务种类、工作授权）等；引起家庭—工作冲突的前因变量主要包括家庭角色压力（家庭压力源、家庭角色冲突、角色模糊、角色负荷、家庭时间要求、伴侣需求、子女和家属数量）、家庭社会支持（家庭支持、伴侣支持）、家庭特征（家庭氛围）和个性（个性控制点、消极情感、神经质）等（Michel et al.，2011）。还有研究发现，工作领域和家庭领域的变量对双方向的工作—家庭冲突具有不同的影响效用。工作领域的变量对工作—家庭冲突影响更大，家庭领域的变量对家庭—工作冲突影响更大，即领域内直接影响的效应量显著高于交叉影响（Byron，2005；Eby et al.，2005）。陆佳芳等（2002）测量了来自不同行业个体的工作—家庭冲突水平，发现个体报告的工作—家庭冲突感受显著高于其家庭—工作冲突水平。谢义忠和时勘（2007）研究发现，组织中和家庭中的社会支持对双方向的工作—家庭冲突有显著负向影响。李永鑫和赵娜（2009）发现，由组织支持、领导支持、情感支持和工具性支持共同构成的工作—家庭支持能有效调节工作—家庭冲突对离职意向的正向影响。

因此，从工作领域来看，工作投入、工作压力、工作时间紧迫性、任务类型、职业倦怠、主管行为、感知到的组织支持和组织绩效等与工作需求、工作压力、社会支持相关的变量会对工作—家庭冲突产生影响（Greenhaus et al.，1987；Clark，2000；Grzywacz & Marks，2000；Nielson et al.，2001；Dettmers，2017；French et al.，2018）。从家庭领域来看，家庭投入、家庭支持、婚姻状态、孩子数量等与家庭压力、家庭支持相关的变量对家庭—工作冲突预测效果更好（Carlson，1999；Grzywacz & Marks，2000；Greenhaus & Powell，2003；Page et al.，2018）。从个体特征来看，关于个体特征对工作—家庭冲突影响的研究较少，但也有研究结果显示，性别、收入情况、教育情况、人格特征等能显著预测工作—家庭冲突（Notten et al.，2017）。

（2）工作—家庭冲突的结果变量研究。学者们对工作—家庭冲突引起的可能的结果变量也展开了丰富的研究，检验了工作—家庭冲突和其潜在结果之间的关系。较多研究聚焦于工作、家庭和生活满意度（Aryee et al.，1999）和个体健康指标，如沮丧和耗竭（Kossek et al.，2006）等方面，此时，工作—家庭冲突对个体的行为和健康会产生消极作用。因此，工作—家庭冲突的潜在影响可以分为工作相关结果、家庭相关结果和压力相关结果三个方面（Allen et al.，2000；Amstad et al.，2011）。

双向的工作—家庭冲突均会影响工作相关的结果，如工作满意度（刘永强等，2008；李雪松，2012；高中华、赵晨，2014）、组织承诺（Greenhaus et al.，2001；Aryee et al.，2005）、离职倾向（Carlson & Perrewé，1999；刘永强等，2008；高中华、赵晨，2014）、工作倦怠（Peeters et al.，2005）和工作负荷（Netemeyer et al.，2004；刘永强等，2008）等。与家庭领域相关的结果变量有婚姻满意度（Voydanoff，2005）、家庭满意度（Carlson & Perrewé，1999）等。其他结果变量还包括生活满意度（Higgins & Duxbury，1992）、心理紧张（Kelloway et al.，1999）、身体健康（Carlson et al.，2011；谢义忠、时勘，2007）和心理健康（Carlson et al.，2011）等。

2. 工作—家庭增益的研究

（1）工作—家庭增益的前因变量研究。通过对现有文献的梳理发现，学者们对于工作—家庭增益的前因变量开展的研究主要分为三类，分别是与工作相关的变量、与家庭相关的变量和与个体相关的变量。

与工作相关的变量包括工作总体特征（如丰富性、自主性）和工作中可获得的具体资源两个部分。从事具有挑战性、自主性和多变性的工作时，能够给个体带来更大的心理意义，使其获得学习、成长及胜任力，并且产生对工作的自豪感，从而有益于个体家庭的发展（Wayne et al.，2007）。丰富的工作资源意味着个体在从事工作时具有更多的选择权和自主性，有助于个体获得更多工作对家庭的增益（Grzywacz & Butter，2015）。工作时间、决策权、工作支持等支持性的工作环境对工作—家庭增益的影响更为显著（Grzywacz & Marks，2000）。还有研究发现，工作投入与工作—家庭增益具有正相关关系，工作投入水平较高的个体，工作—家庭增益也较高；工作投入水平较低的个体，工作—家庭增益也较低（伊玉哲，2014）。

在与家庭相关的变量方面，学者们更多地把家庭领域的情境因素作为结果变量进行研究，但也有一些学者对家庭相关变量影响工作—家庭增益进行了研究。Grzywacz 和 Marks（2000）通过生态系统理论探究了子女年龄、婚姻状况、家庭情感支持等变量对工作—家庭增益的影响，发现低家庭情感支持与低家庭—工作增益相关。Grzywacz（2002）研究发现，婚姻家庭生活能带来更多的工作—家庭增益，其中丁克家庭能体验到更多的工作—家庭增益。Hammer 等（2005）从配偶角度研究其感受到的工作—家庭增益对自身情感的影响，发现这种增益在一年后能有效缓解紧张症状。

与个体相关的变量方面，个体差异使有些人更容易在工作和家庭之间获得增益，目前学术界主要关注人格特质对工作—家庭增益的影响。Wayne 等（2004）对大五人格特质（外向型、宜人型、认真型、神经质型、开放型）与工作—家庭增益的关系进行了研究，研究结果表明，外向型与工作—家庭增益显著相关，宜人型和认真型正向影响家庭对工作的增益，神经质型负向影响工作对家庭的增益，而开放型正向影响工作对家庭的增益。Chen 等（2005）认为，神经质人格、前瞻性人格和乐观主义人格等对工作—家庭增益有显著影响；Boyar 等（2007）认为，通过核心自我评估可以促进工作—家庭增益的产生。因此，人格特质是工作—家庭增益的一个重要前因变量。

（2）工作—家庭增益的结果变量研究。工作—家庭增益能够带来积极结果变量的观点得到了学者们的一致认可，具体表现为对工作结果变量、家庭结果变量以及个体结果变量均可能产生积极的影响。

工作—家庭增益可能与一些常见的工作结果相关，如情感认同、工作满意度以及离职意愿（McNall et al.，2010；Russo et al.，2018；Tang et al.，2014；Akram et al.，2014）。有研究表示，工作—家庭增益与感情组织承诺之间呈正相关关系（Wayne et al.，2006；Wayne et al.，2013），通过将工作领域获得的资源和经验带回家庭领域，个体的家庭角色绩效会显著提高，从而获得家庭成员对家庭系统的较高满意度（闫淑敏等，2013）。也有学者关注了工作—家庭增益的双向性，即工作对家庭增益的影响和家庭对工作增益的影响，如 Hill（2005）发现，工作对家庭的增益与工作和生活满意度及低离职意向显著相关，而家庭对工作的增益与婚姻、家庭和生活满意度显著相关。

基于社会交换理论，如果家庭令个体在家庭生活中受益，个体感受到家庭带来的积极情感，会体验到更高水平的生活满意度。Hakanen 等（2011）对工作和家庭两个领域的增益所产生的非工作性结果进行了实证研究，发现在一个为期三年的交叉滞后研究中，家庭对工作的增益对家庭领域有纵向影响。Steenbergen 等（2007）的研究结果显示，工作—家庭增益与生活满意度之间显著正相关。

此外，工作—家庭增益与个体健康密切相关，增益越多，个体的身心越健康（Grzywacz，2000；Van Daalen et al.，2006）。Carlson 等（2011）对美国 179 名孩子出生 4 个月后回到职场的女性进行调查研究，发现孩子出生 4 个月时女性的工作—家庭增益可以预测孩子出生 8 个月后的身体健康状态。

第四节 零工经济研究

一、零工经济的概念内涵

2009 年，美国首次将基于零工工作而形成的经济模式界定为零工经济。零工经济产生于互联网大背景下，一度成为学术研究领域和实践管理领域关注的新型经济模式。对于零工经济的内涵和范围，研究者们有着不同的观点。有的认为零工经济先于共享经济或平台经济产生，是强调购买与个人服务有关的劳务商品的一种经济形式，与二手经济、共享经济 C2C 模式等互联网经济形式构成一个新的系统性整体（Frenken & Schor，2019），将零工经济划归为类似于共享经济的一种形式（Gleim et al.，2019；Perren & Kozinets，2018）。也有的将零工经济的定义范畴扩展到所有以在线平台为中介的非传统工作形式，包含从事临时派遣工作的劳动群体（Katz & Krueger，2016），如临时工、独立承包商和自由职业者等。Katz 和 Krueger（2016）将零工经济界定为劳动者在数字化市场根据雇用方需求从事单个项目或任务的经济形式，这表示数字化市场是零工经济的充分条件。零工工作者按需向客户提供服务，而意向客户则可以通过互联网平台搜索所需服务的提供方式或具体的工作安排，可以理解为互联网+传统就业模式，涉及领域广泛，其呈现模式主要包括电商类、空间共享类、交通出行类、技能共享类和基础劳动力共享类等（斯特尼凡，2016）。在具体实践中表现为，个体根据其兴趣和喜好，利用其掌握的知识、技能或其他资源，选择不同的工作类型及工作方式，与传统的工作模式相比，零工工作具有更大的灵活性、自主管理性和多样性等特点。

区别于传统零工经济，基于互联网的零工经济表现出全面灵活的用工方式和在线平台的参与两大特征。Manyika 等（2016）将零工经济定义为一个以在线平台为中介的临时工在线市场，泛指一种不同于传统的非结构化工作安排。具体而言，它代表以各种在线平台为中介的灵活工作的集合（Abraham et al.，2017）。在零工经济中，在线平台将需求方与从事零散项目的自由职业者或临时工联系起来（Harris et al.，2015）。具体表现为，以在线平台为媒介，企业将碎片化的工作需求传播出去，单一劳动力个体可以选择同时从事多个项目或临时工作（郑祁、杨伟国，2019b）。虽然零工经济中的雇用形式和工作方式与传统的临时工和计件工相比，有诸多相似之处，但互联网技术催生出的在线劳动平台使零工经济有了新的发展模式（杨滨伊、孟泉，2020）。零工经济并不是一个新的概念，“零工”现象也并非近几年才产生的，互联网、信息技术的飞速发展改变了传统的经济形式，带来了新的就业模式，赋予了“零工经济”一词新的含义。本书所指的零工经济是指基于互联网的零工经济。

二、零工经济的相关研究

零工经济作为一种新兴的经济模式，逐渐受到学者们的关注，与之相关的研究也开始逐渐增多，已有研究主要关注零工经济中的平台控制、人力资源管理和工作模式等问题。

1. 零工经济下的平台算法控制研究

在零工经济背景下，数字平台工作具有独立性和分散性特征，是对传统工作模式的重大革新，数字平台根据设置的技术规则和标准化的流程，通过AI算法，对分布在不同“时空”、自雇用的零工工作者进行自动控制和管理，这一数字化管理实践过程被称为算法控制（Algorithmic Control）（Graham et al.，2017；Wood et al.，2019；Pignot，2023）。算法控制对平台、需求方和工作者之间的生产关系进行了重新配置，对零工工作者的“系统人”工作状态产生了重要影响（Wood et al.，2019）。在有关平台算法控制影响零工工作者的研究中，部分学者发现，算法控制对零工工作者积极的情感体验和行为表现有明显提升，如兴奋感、公平感等（Rosenblat & Stark，2016；Kellogg et al.，2020）。但也有研究发现，算法控制可能会对零工工作者产生不良工作后果，如工作过载、不安全感等（Wood et al.，2019；Shevchuk et al.，2019）。还有学者认为，平台对工作者实施的算法控制可能与平台工作任务的灵活性和自主性相矛盾（Duggan et al.，2020；Rani & Furrer，2021）。平台算法技术的连接性有利于提高工作的自主性，实现了劳动力供给和需求的灵活自主匹配，但平台的算法管理又从任务分配、动态薪酬和行为控制等方面降低了工作的自主性（刘善仕等，2021）。平台通过灵活的工作时间和自由的工作地点吸引工作者加入，但却通过算法控制，以时间为单位和节点，对工作过程进行严密细致的记录和控制，形成了平台和消费者共同组成的多元控制主体（李胜蓝、江立华，2020）。平台通过游戏化的工作模式，间接提升工作者根据既有游戏规则进行“自发游戏”的可能性，从意识形态层面加强了工作者对平台游戏规则的认同，从而促使工作者自觉投入更多的时间（陈龙，2020）。综合而言，平台算法管理对平台工作者的程序公平感知、工作自主感知、工作压力体验和消极情绪体验产生影响（刘善仕等，2021）。

2. 零工经济下的人力资源管理相关研究

零工经济下的新型用工模式，为工作者提供了发挥自身优势、实现自我价值的平台，为人力资源管理提供了新场景与新机遇，同时也对人力资源管理提出了新的挑战，主要包括人力资源的外部化、工作不确定、员工忠诚度下降、零工合法化和零工分类及其引发的一系列问题（Jeffefy，2017；Lowe，2017）。在传统的人力资源管理相关研究中，人力资源管理被概念化为维持雇用关系的管理活动。尽管零工工作者和在线平台之间缺乏可识别的雇用关系，但在线平台仍然设计和实施了各种人力资源管理活动来加强对零工工作者的管理，如绩效管理，即由需求者评价零工工作者的绩效（Lee et al.，2015）；员工解聘，即通过平台算法弃用表现不佳的零工工作者（Rosenblat & Stark，2016）；工作安排和工作设计，即为零工工作者提供指定的工作方式和有一定权限的自主工作设计（Kuhn，2016）等。众多学者尝试从不同角度研究零工经济发展给人力资源管理理论和实践带来的影响，并重新构建零工经济下的人力资源管理体系。例如，龙立荣等（2021）从明确平台雇用关系主体、优化平台人力资源管理、尊重社会交换和心理契约三个角度分析了平台零工工作者人力资源管理的挑战，认为平台零工工作者的管理主体多元化、管理过程存在“宽进严管”、平台与零工工作者的关系以经济交换主导而缺乏社会情感交换的挑战，提出通过明确主体责任完善法律制度、实行适度的“严进宽管”的管理制度、通过共建心理契约促进平台经济体可持续发展的相应对策。扶缚龙和胡宁（2021）认为，零工经济的兴起捣碎了人力资源管理研究的关键基石：员工与企业（雇主）之间的标准雇用关系，即企业（雇主）—员工的二元关系，尝试从生态系统视角重新定义零工经济人力资源管理的职能和机制。魏丹霞等（2021）认为，人力资本是零工经济等新业态发展的基础，新的经济形式促进了人力资本价值的提升和转化，并从政府、企业和员工层面分析了实现人力资本价值提升的路径。

3. 零工经济下的工作模式相关研究

零工经济背景下的工作模式发生了较大变化，表现为工作碎片化、工时弹性化和劳动技能化等特征。工作碎片化是指岗位职责不断分解，工作任务更细化，工作计量单位逐渐缩小（杨伟国等，2018）。与传统的工作模式相比较，零工经济给人们提供了一次性临时工作机会（Wordsworth，2016）。“零工工作”是单个被雇用劳动者的一项单独的项目或者任务，这些劳动者相对独立，独立劳动者在零工经济中寻求短期工作机会（Sanders & Pattison，2016），以件为单位进行工作，在有限的工作时间内通过平台完成指定工作项目并获得报酬（Frost，2017）。工时弹性化是指工作时间更为灵活，工作变成一种自由灵活的弹性化交易模式，以小时甚至更短时长为单位（杨伟国等，2018）。个体可以使用移动应用程序或利用在线平台获得一次性工作，自由安排工作时间和选择工作种类（Thomas，2018）；工作完成后，客户可以评估工作绩效（Thompson，2018；Atmore，2017）。传统雇用模式下，个体无权控制自己的工作时间，而零工经济下实现了工作时间弹性化，这是个体对劳动过程控制力增强的重要体现之一（郑祁、杨伟国，2019b）。传统企业评判劳动者能力的标准通常为学历或证照，而在零工经济中，平台的人才选拔逐步趋于技能导向（杨伟国等，2018），更多的是对劳动者自身技能和能力提出需求。劳动技能化在鼓励劳动者主动培养和发展特定技能的同时，也为企业带来了多样化的人力资本（郑祁、杨伟国，2019b）。这是由于零工工作者不属于企业传统员工，企业以绩效和工作结果作为衡量零工价值的标准，只有具备特定的技能才能满足企业或特定客户端的需求（Mulcahy，2017；Frost，2017）。

不同类型的零工工作，在灵活性和自主性上会有明显差异，根据零工经济劳动力市场分类，可将零工工作分为劳动密集型零工、技能型零工及知识型零工三种类型，对其进行灵活性、保障性、劳动过程控制等要素的比较分析发现，知识型零工属于高技能、高人力资本类型，从事这类工作的群体一般受教育水平较高，主要是在主业工作之外，利用其专业知识进行副业（兼职），既注重收入也注重自由。知识型零工呈现高准入门槛、高灵活性、高保障性和弱控制性的特征（赖德胜、关棋月，2023）。

第三章　理论基础、研究假设与模型构建

第一节　工作—家庭资源模型概述及应用

一、工作—家庭资源模型概述

本书研究的核心问题是探究零工经济背景下个体从事副业对个体幸福感的影响。当副业消耗个人资源时，可能增加工作对家庭的冲突；而当副业增加个人资源时，可能提高家庭领域的收益，形成工作对家庭的增益。同样，家庭领域的资源和要求也会影响副业，也存在家庭对工作的冲突和增益两种情况。副业的投入以及副业与家庭的关系对个体幸福感的提升或降低有明显影响。为此，本书引入工作—家庭资源模型（Work-Home Resources Model，简称 W-HR 模型）作为基础理论。

W-HR 模型是 Ten Brummelhuis 和 Bakker（2012）基于资源保存理论（Hobfoll，1989）提出的一个解释工作—家庭积极和消极过程的理论框架。

如图 3-1 所示，该模型以个人资源为纽带将一个领域的需求和资源与另一个领域的成果联系起来，系统解释了工作—家庭关系背后的因果逻辑及边界条件（Ten Brummelhuis & Bakker，2012）。

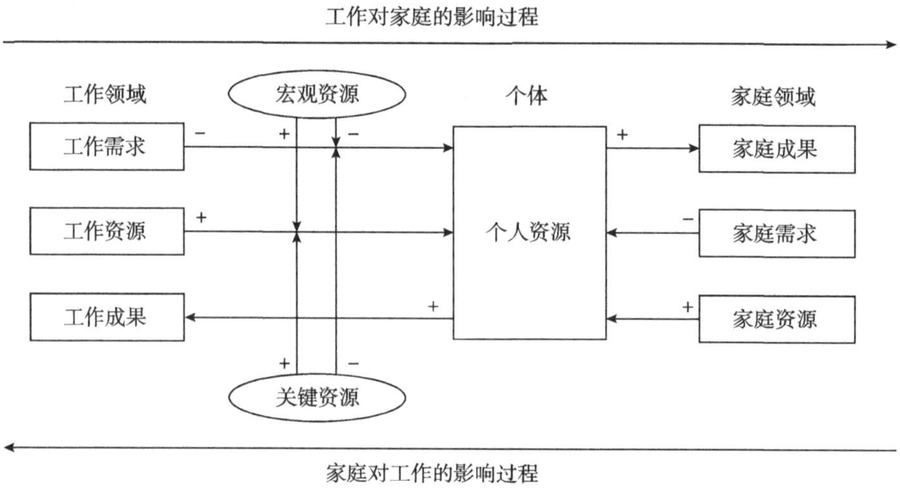

图 3-1　W-HR 模型的理论框架

W-HR 模型阐释了个人资源（如情绪、时间和精力）如何将一个领域的需求和资源与另一个领域的成果联系起来，解释了工作—家庭冲突和增益产生的因果逻辑、发生的时间和随时间推移产生的变化（Ten Brummelhuis & Bakker，2012）。

W-HR 模型将工作和家庭的关系描述为一个双向互相影响的过程。当工作需求消耗个人资源时，个体对家庭领域的付出就会减少，造成工作对家庭的冲突（WFC）；当工作资源增加个人资源时，有利于改善家庭领域，此时产生工作对家庭的增益（WFE）。反之，家庭领域所需的资源和需求也会影响工作领域，产生家庭对工作的冲突（FWC）和家庭对工作的增益（FWE）。可见，需求和资源是工作领域和家庭领域产生冲突或增益的主要原因。短期的冲突和增益反映了一个领域的要求和资源通过个人资源影响另一个领域的日常结果，即工作和家庭领域的日常互动，而长期的冲突和增益则反映了工作与家庭领域的持久过程，即一个领域的结构性要求和资源通过结构性个人资源的变化影响另一个领域的长期结果。

在 W-HR 模型中，需求和资源是产生冲突或增益的主要原因，个人资源是工作和家庭领域之间的纽带。工作或家庭领域的需求通常分为定量需求、情感需求、身体需求和认知需求（Bakker & Demerouti，2007；Peeters et al.，2005）。定量需求指的是个体以高效率执行超额任务，在工作中可能需要满足最后期限，在家庭领域可能是需要匆忙完成家务。情感需求涉及私人问题，会导致情绪耗竭。身体需求指的是需要体力劳动的任务。认知需求指的是需要高度集中精力完成的任务，如工作中的多任务或协调家务（Demrouti et al.，2001；Peeters et al.，2005）。按照来源分类，资源可分为情境资源和个体资源，解释如何利用环境中的资源来实现目的；按照稳定性分类，资源可分为结构性资源和短暂性资源，解释资源在工作—家庭过程中的螺旋式增长。W-HR 模型中的资源分类如图 3-2 所示，其中，情境资源来源于外部，可从个体所处的社会情境中获取，包括婚姻、就业、家庭、社会关系等条件因素和建议、尊重、帮助等社会支持；个体资源来源于个体内部，包括身体、心理、智力、情感和资本等资源（Ten Brummelhuis & Bakker，2012）。

二、工作—家庭资源模型的应用

现有基于 W-HR 模型的研究众多，在具体应用中，研究者证实了 W-HR 模型中所列出的需求、资源和成果，也提出了新的变量及组合形态。

资源是 W-HR 模型中的重要变量，分为情境资源和个人资源。情境资源主要包括婚姻、就业、社会关系等条件因素，以及建议、尊重、帮助等社会支持。这些来自工作情境、有利于家庭的资源能够缓解压力对个体资源的

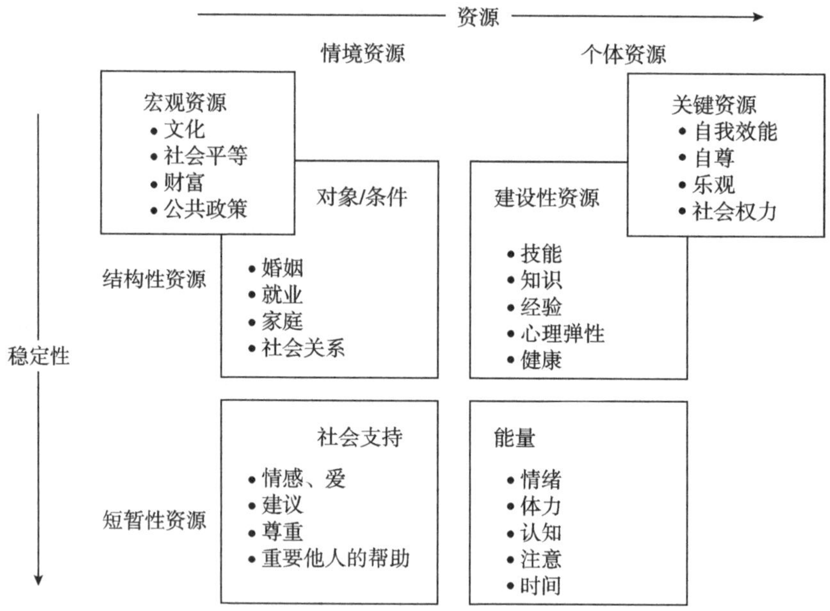

图 3-2　W-HR 模型中的资源分类

损耗，有助于形成良好的工作—家庭关系（Heras et al.，2021；姜海等，2016）。也有研究者从人际互动角度对社会支持的内容进行拓展，将领导、顾客、家庭成员等社会群体纳入社会支持的范围，考察了家庭支持型主管行为、服务型领导、顾客参与和家庭支持等的积极效应（Rofcanin et al.，2018；康勇军、彭坚，2019；Loi et al.，2020；Chan et al.，2020）。个人资源主要包括身体、心理、智力、情感和资本等资源。其中，有关心理资源和情感资源的研究最为丰富。心理资源有助于个体应对压力，调整个体资源总量，进而影响工作—家庭关系，是帮助人们有效处理问题的心理工具，包括心理脱离、工作情感性反思（Bakker et al.，2019；Burch & Barnes-Farrell，2020）等过程型认知变量，也包括心理痛苦、工作—家庭平衡满意度、个人成就感、自我效能感（Thompson et al.，2020；Chan et al.，2021；Heras et al.，2021；Aw et al.，2021）等结果型认知变量。情感资源指个体的情绪反应资源，包括情绪耗竭、焦虑和负面情绪（Aw et al.，2021；Cui & Li，2021；Du et al.，2018）等消极因素，也包括积极情绪、幸福（Lin et al.，2017；Brosch & Binnewies，2018）等积极因素。

情境结果可以分为态度结果、行为结果和绩效结果。在家庭情境中，态度结果主要包括积极和消极两种类型的个体幸福感知，如生活满意度（姜海等，2016）、家庭满意度（Arefin et al.，2020；Ilies et al.，2017）等积极因素，以及家庭情绪耗竭、感知压力等消极因素（Smoktunowicz et al.，2017；Thompson et al.，2020）。行为结果表现为承担家庭成员的责任和努力为家庭创造一个安全和谐的环境，如支持配偶行为（Chen & Ellis，2021）的积极家庭行为结果和家庭破坏行为（Chan et al.，2021）的消极家庭行为。绩效结果包括完成家务、照顾家庭成员等，最常使用的是"家庭绩效"（Aw et al.，2021），也有一些研究将工作—家庭冲突、工作—家庭增益和工作—家庭平衡（Work - Family Balance，WFB）视为工作—家庭关系的绩效结果（Braun & Nieberle，2017；Cui & Li，2021；Ilies et al.，2017；Wolff & Kim，2020）。在工作情境中，态度结果包括工作投入、工作激情和工作满意度（Carlson et al.，2018；Chan et al.，2020；Chan et al.，2021；Gopalan et al.，2022；孙甫丽等，2019）等积极结果，也包括离职意向（Arefin et al.，2020；Heras et al.，2021）等消极结果。行为结果是个人行为的变化结果，主要考察组织公民行为、反生产行为（Arefin et al.，2020；Bai et al.，2016）等。绩效结果指产品和服务，主要考察工作绩效和任务绩效（Carlson et al.，2018；Du et al.，2017）等，也有研究打破单一变量指代绩效结果，运用变量关系来捕捉变量影响绩效结果的过程，如自我效能感→工作投入→工作绩效（Bakker et al.，2019）。

第二节　研究假设

本书主要探讨零工经济背景下个体从事副业对个体幸福感的影响。基于W-HR模型，试图厘清副业投入对个体幸福感的影响机制，探析工作—家庭关系对副业投入与个体幸福感的中介作用。同时，由于从事副业的动机不同，会对工作—家庭关系产生影响，因此，本书也考虑副业动机对工作—家庭关系与个体幸福感之间的调节作用。

一、副业投入与个体幸福感的研究

工作对个体幸福感的影响主要体现在两个方面：工作本身对个体幸福感的影响和工作相关因素对个体幸福感的影响。研究表明，与没有工作的个体相比，拥有工作的个体可能更幸福，以及拥有丰富技能的个体可能更幸福（Oswald，1997；Argyle，2001）。个体的工作能够与拥有的技能、天赋和才能有效匹配，个体在工作时拥有一定的自主权，并且工作任务呈现多样性，此时个体幸福感较高（Csikszentmihalyi，1975；Warr，1999）。因此，当个体的工作自主性较强时，个体的幸福感也会相对较高（任华亮等，2019）。在工作相关因素对个体幸福感的影响研究中，苏涛等（2018）研究发现，高水平的工作需求会消耗个体的生理和心理资源，而资源耗竭会带来工作倦怠甚至精力衰竭等不良反应，给身心健康造成负面影响，从而降低幸福感；工作控制/自主权对幸福感有显著的促进作用；来自工作场域的社会支持（工作资源）有助于个体保持积极的心理状态，提升幸福感。

工作投入是个体将自我与工作角色相结合，将个人精力和时间投入工作中，是充分表现自我的一种状态，反映了个体在积极的工作中同时投入多方面的努力（Kahn，1990；Rich et al.，2010）。工作投入是影响个体幸福感的重要因素之一，在已有研究中，工作投入和个体幸福感之间的关系并没有一致性的结论，主要分为消极影响和积极影响两种观点。有学者认为，工作投入导致个体的身体和精神疲劳（Rothbard，2001），进一步加剧了工作—家庭冲突，给个体幸福感体验带来消极的影响（Halbesleben et al.，2009）。但也有部分学者认为，工作投入对提升个体幸福感有积极影响（Shimazu & Schaufeli，2008；Matz-Costa et al.，2014），具有高水平工作投入的个体会体验到较高水平的主观幸福感（Knight et al.，2017），工作投入越多的个体，精力越充沛，对所从事的活动有更强的参与感，认为自己是工作任务的重要组成部分，能够全神贯注地融入工作活动（Harter et al.，2002；Halbesleben & Wheeler，2008），能够正向预测幸福感。由此可见，工作投入对个体的焦虑和沮丧具有显著的负向影响，而工作投入的活力维度可以降低焦虑和沮丧。因此，工作投入对个人的家庭幸福和身心健康具有重要意义（Innstrand et al.，2012）。

有研究将工作投入划分为活力、奉献和专注三个维度，高工作投入意味着个人愿意为工作而努力，全身心投入工作中，觉得时间过得很快，同时拥有高水平的工作自豪感和工作意义感，并对这种行为感到快乐（Schaufeli et al.，2002）。根据积极影响观点，工作投入水平高的个体，在工作中展现出饱满的热情，在工作期间会集中自己的全部精力，从工作中获得自豪感及意义感，并将这种积极情绪带入家庭领域，有助于提升个体的生活满意度和积极情感，从而个体会体验到较高水平的幸福感。

综合而言，个体从事副业会对个体幸福感产生影响。因此，如图 3-3 所示，本书提出以下假设：

H1：副业投入对个体幸福感具有正向影响。

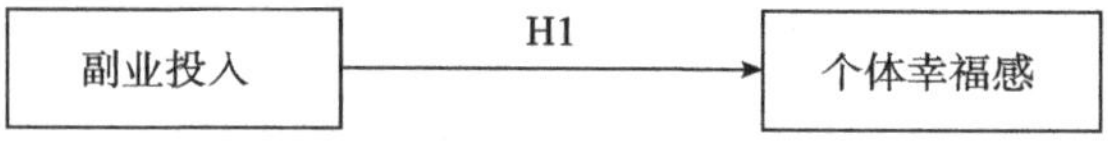

图 3-3　副业投入对个体幸福感的影响

二、副业投入与工作—家庭关系的研究

根据 W-HR 模型，当副业消耗个人资源时，会增加工作—家庭冲突；而当副业增加个人资源时，会提高家庭领域的收益，形成工作—家庭增益。个体从事副业，表示个体会加大在工作上的投入，将消耗个体的时间和精力，引起工作—家庭冲突（消极影响），但同时也能够提高安全感、自信和成就感等心理资源，这些心理资源能够帮助个体成为更好的家庭成员，形成工作—家庭增益（积极影响）。

部分学者认为，当工作任务具有挑战性、自主性和丰富性等特征时，会为个体带来更多的心理意义，并使其获得知识、技能和成长，有益于家庭的发展（Wayne et al.，2007）。工作资源的丰富使个体在从事工作时拥有更多的选择权和自主性（Grzywacz & Butter，2015），当个体对资源分配拥有更多自主权时，可以合理配置时间和精力等资源，不仅能更好地完成工作，而且也会在工作过程中产生较为愉快的心情和积极的态度，并将这种积极的情绪带入家庭中，从而能够更好地满足其家庭需要（卞纪兰、钱阳阳，2016）。在一个领域中获得的资源，可以用于另一个领域，是资源的一种增益表现（周路路等，2009）。还有研究发现，工作投入与工作—家庭增益具有正相关关系，工作投入水平较高的个体，工作—家庭增益较高；工作投入水平较低的个体，工作—家庭增益较低（伊玉哲，2014）。

个体选择从事基于数字平台的副业，副业时间和工作任务都相对自由，个体在对个人资源进行配置时，拥有更多的自主权，在一定程度上可以主动平衡工作与家庭之间的关系。将个人资源投入副业，可能会给家庭资源带来新的收益，包括增加家庭经济收入、实现自我价值、拥有积极的心态等。此时，副业投入对工作—家庭关系表现出较为积极的影响，具体表现为显著降低工作—家庭冲突和提高工作—家庭增益。

因此，如图 3-4 所示，本书提出以下假设：

H2：副业投入对工作—家庭冲突具有负向影响。

H3：副业投入对工作—家庭增益具有正向影响。

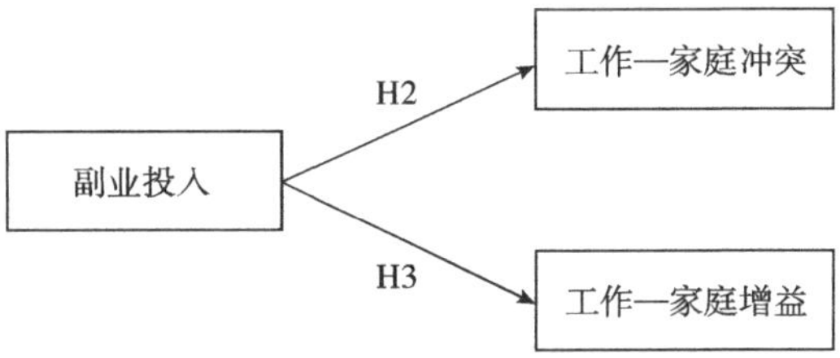

图 3-4　副业投入对工作—家庭关系的影响

三、工作—家庭关系与个体幸福感的研究

工作—家庭冲突被认为是压力的一个潜在来源，并负向影响幸福感和行为（Geurts & Demerouti，2003）。当来自工作与家庭的需求产生冲突时，个体往往会优先满足工作需求，由于家庭需求没有得到满足，家庭成员对此也会有所抱怨，进而导致较高水平的工作—家庭冲突。关于工作—家庭冲突产生的负面结果，有研究认为，工作—家庭冲突会导致工作沮丧和家庭沮丧、产生抑郁（Frone et al.，1992）、导致情绪耗竭和压力上升（Karambayya & Reilly，1992），当个体处于高水平的工作—家庭冲突时，由于时间、精力等个人资源的减少，会体验到个体幸福感的下降。由此可见，高水平的工作—

家庭冲突会降低个体幸福感体验。

工作—家庭增益的本质在于个体在工作领域和家庭领域之间有所重叠，两者之间能彼此依靠，并存在双向的补充（Werbel & Walter，2002）。工作对家庭的增益与工作和生活满意度显著相关（Hill，2005）。个体在工作领域的行为、情绪等对其在家庭领域的行为、情绪有很大影响（Werbel & Walter，2002）。工作对家庭的增益可以分为发展、情感、资本三种类型（Carlson et al.，2006），发展的增益，表现为参与工作会提升技能、知识、行为和看法的获取，以帮助个体成为更优秀的家庭成员；情感的增益，表现为参与工作会使个体产生积极的情绪状态或态度，以帮助个体成为更优秀的家庭成员；资本的增益，表现为参与工作会提升个体心理的社会资源，如安全感、自信、成就感和自我实现，以帮助个体成为更优秀的家庭成员。换言之，个体在工作领域的收获会帮助其提升在家庭领域的表现，即在某个角色的体验会提升另外一个角色的表现（Greenhaus & Powell，2006）。工作—家庭增益产生背后的基础逻辑是工作会给个人提供资源，使个人可以更好地在另一个领域表现（Barnett & Hyde，2001；Friedman & Greenhaus，2000）。当个体处于较高水平的工作—家庭增益时，个体资源增加，会体验到较高的个体幸福感。由此可见，高水平的工作—家庭增益会提升个体幸福感体验。

因此，如图 3-5 所示，本书提出以下假设：

H4：工作—家庭冲突对个体幸福感具有负向影响。

H5：工作—家庭增益对个体幸福感具有正向影响。

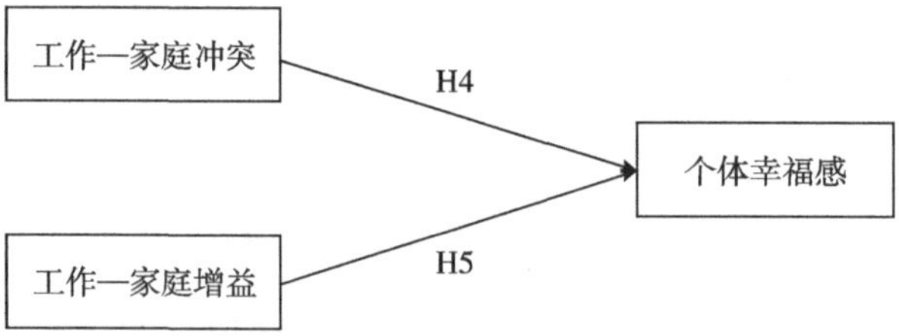

图 3-5　工作—家庭关系对个体幸福感的影响

四、工作—家庭关系的中介效应

基于数字平台的副业具有高自由性和灵活度（郑祁、杨伟国，2019b），个体在选择任务内容和完成时间上也有高度的自主权，个体在完成副业的过程中，会对现有的工作—家庭关系造成影响。提升个体幸福感是个体从事副业的主要目的之一，工作—家庭关系的变化会对个体幸福感的体验产生影响。当工作—家庭冲突加剧时，对个体的身心健康、工作和生活满意度均起到一定的消极作用（李爱梅等，2015）；当工作—家庭冲突缓解时，个体容易产生积极的态度或行为（Carlson et al.，2006）。由此可见，工作—家庭冲突可能在副业投入与个体幸福感之间起中介作用。

因此，如图 3-6 所示，本书提出以下假设：

H6：工作—家庭冲突在副业投入影响个体幸福感的过程中起着中介作用。

个体从事副业不仅是对个体资源的消耗，同时可能带来新的资源。当个体感知到在某个领域获得的资源能够帮助其在另一个领域更好表现时，个体容易产生积极的态度或行为（Carlson et al.，2006）。例如，个体通过副业获得更多的社会资源，拓展了主业工作的原有资源，以及可能会提高家庭领域的收益，即在工作领域的增益提升了个体在家庭领域的表现和体验，形成工作对家庭的增益，个体保持较高的积极情绪水平和生活满意度，进而提高了个体幸福感体验。由此可见，工作—家庭增益可能在副业投入与个体幸福感之间起中介作用。

因此，如图 3-6 所示，本书提出以下假设：

H7：工作—家庭增益在副业投入影响个体幸福感的过程中起着中介作用。

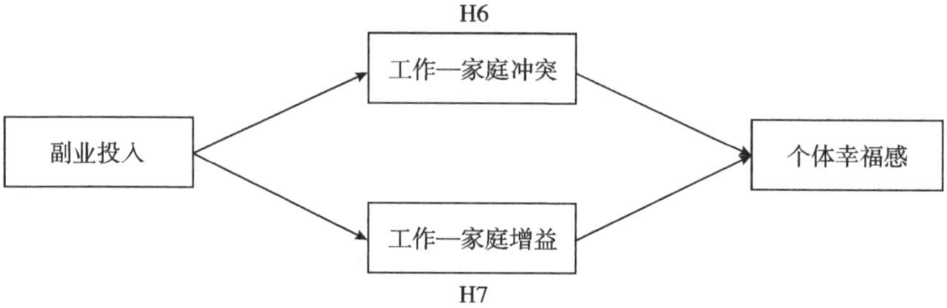

图 3-6　工作—家庭关系在副业投入与个体幸福感的中介作用

五、养家动机的调节效应

动机是主观愿望或内部需要和诱因激发相互作用而成的，个体从事副业的动机影响了个体行为的形式、方向、强度和持续时间，是个体行为的重要动力源泉。当前学术界对于动机分为内在动机和外在动机两种类型（Deci，1972），其中，内在动机主要表现为对工作本身的兴趣，而外在动机是把工作当成一种手段，从而获得工作带来的报酬、奖励或者从事这项工作所获得的社会认同感。张春虎（2019）基于自我决定理论的核心假设，运用“环境—基本心理需求—工作动机—成就”的理论模型，分析和归纳了工作动机前因和结果的研究脉络，研究结果表明，自主性工作动机作为中介变量解释了自主性支持的工作环境对工作行为、态度和心理健康的积极影响。

零工经济的发展，为有从事副业意愿的个体提供了更多的机会，利用数字平台，拥有主业的个体可以从事符合自身能力的副业，通过付出时间和劳动，完成工作获得报酬，也有部分个体选择从事副业，仅是对副业本身感兴趣，并不在意副业带来的报酬。因此，个体从事副业的动机也存在差异。

数字平台为个体提供了前所未有的灵活性，个体选择数字平台开展副业，在时间安排、工作时长和工作意愿上都有很大的自由度（Hall & Krueger，2018），能够控制自己的日程安排并提供社交联系的机会（Rockmann & Ballinger，2017）。有研究发现，不管是男性还是女性都愿意为零工工作付出更多努力，以克服收入不足，为未来存钱，而女性似乎更愿意通过零工工作来降低主业工作的不安全感（Doucette & Bradford，2019）。可以看出，个体选择零工工作的明确动机是增加收入和加强安全感，将副业当成获得薪酬的一种手段，体现出较强的外在动机。在一项对网约车司机的研究中发现，专职零工工作者和兼职零工工作者的工作动机具有明显差异，部分司机全职开网约车，获取经济收入是其工作的主要动力，部分司机则是兼职开网约车，其工作动机各异，如消磨时间顺便“载客分担一下油钱”、纯粹出于兴趣感受分享经济。无论动机如何，平台工作都能在一定程度上满足司机的需求（吴清军、李贞，2018）。作为零工从业者，外卖骑手的从业动机集中表现为入行要求简单，可以积累经验，如增长见识、锻炼自己、建立更多社会关系，对工作灵活性的重视排在了第三位，待遇则排在最后。可以看出，外卖骑手选择这份工作的主要动机与工作特征（入行要求简单、工作灵活）关系最为紧密，同时也比较重视自身能从职业中获得成长（积累经验、职业匹配、成就感）（高文珺，2021）。吴静等（2021）对平台司机的零工参与动机演化机制进行了研究，认为平台司机的工作动机主要分为两类，一类是由满足外在需求引发的外在动机，主要表现为经济效益和平台优势，另一类是由满足内在需求引发的内在动机，主要表现为平台工作的价值创造与价值赋能所产生的内在需求满足感。由此可见，个体从事副业的动机也分为内在动机和外在动机两种类型。

除此之外，有学者还提出养家动机的概念，认为养家动机是一种特殊的亲社会动机，是指通过自己的努力来维持家庭生活的一种行为（Grant，2008），但它又不同于一般的亲社会动机，因为个体关注更多的是工作场所以外的受益群体，不受员工工作环境和工作特征的直接影响，而是受自身特点以及家庭义务的影响（Menges et al.，2017）。研究表明，即使工作乏味无聊，个体为了养家，也会充满活力地去干好本职工作，从而会对工作绩效产生一定的正向预测效应（Menges et al.，2017）。也有相关研究表明，领导的辱虐行为会对个体的工作绩效产生负面影响，并会加大离职意向，但也有个体为了养家，会缓和离职行为和提高工作绩效（Tariq & Ding，2018）。可见，当个体的养家动机与工作相联系时，会对个体的工作行为产生积极影响。在一些重复性工作中，工作本身乏味无聊，有较少机会为个体提供多样性技能和增加成就感，缺乏提高个体内在动力的条件。当工作本身无法提高内在动力时，养家动机也会推动个体更有活力地去做好目前的工作，因为从工作中获得的薪资可以维持家庭生活，提高目前工作的绩效对他们的家庭有利（Menges et al.，2017）。可见，养家动机会使个体找到工作的意义。

研究表明，工作动机能够影响个体的工作投入程度，不同工作动机的个体表现存在差异化。儒家文化背景下，人们普遍通过自身努力试图为家庭带来财富和荣誉。努力工作的目的是维持家庭幸福，提高家庭的生活质量，也是提升家庭整体利益的手段。养家动机是一种亲社会动机，这种以帮助他人为导向的亲社会动机可以使个人产生一种更持久的愉悦感和意义感，减少压力，增强身心健康（Grant & Berry，2011）。从身份认同的角度来看，个体为了养家，会强化自己作为负责任的养家者的良好自我形象，并且体会到工作的价值，进而投入更多到工作中，这将带给他们更强的工作意义。当工作本身不会给个体带来持久的兴趣和意义感时，通过工作所带来的价值可以作为一种替代和补偿（Menges et al.，2017）。当个体有很强的养家动机时，他们会把这份工作视为养家糊口的经济来源，这是一种认知加工的形式，个体通过将所从事的工作与维持家庭生活的价值观联系起来，赋予工作更大的意义，从而增强个人的工作活力（Menges et al.，2017）。并且，当个体养家动机较强时，将通过充能和正面体验，达到情绪积极且精力充沛的工作投入状态（苏凤然等，2020）。努力工作以照顾家人，是自我价值的重要体现，而当个体在工作中受挫时，为家人工作能提醒其思考工作价值，家人受益于其工作所表达的感激之情，都能助其处理不利工作环境带来的负面情绪（Greenhaus & Powell，2006）。可见，为家庭努力工作在一定程度上会调节工作—家庭关系与个体幸福感之间的关系。

因此，如图 3-7 所示，本书提出以下假设：

H8：养家动机能够调节工作—家庭冲突对个体幸福感的影响，在高水平养家动机下，工作—家庭冲突对个体幸福感的影响会减弱。

H9：养家动机能够调节工作—家庭增益对个体幸福感的影响，在高水平养家动机下，工作—家庭增益对个体幸福感的影响会增强。

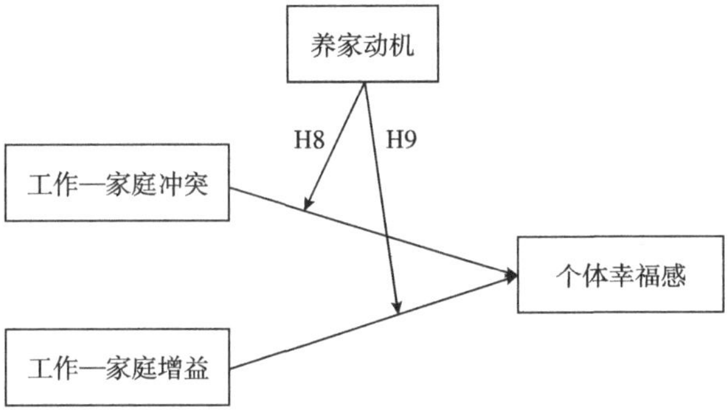

图 3-7　养家动机的调节作用

六、假设汇总

本书提出的基本假设及具体内容如表 3-1 所示。

表 3-1　本书提出的基本假设汇总

假设	假设内容
H1	副业投入对个体幸福感具有正向影响

续表

假设	假设内容
H2	副业投入对工作—家庭冲突具有负向影响
H3	副业投入对工作—家庭增益具有正向影响
H4	工作—家庭冲突对个体幸福感具有负向影响
H5	工作—家庭增益对个体幸福感具有正向影响
H6	工作—家庭冲突在副业投入影响个体幸福感的过程中起着中介作用
H7	工作—家庭增益在副业投入影响个体幸福感的过程中起着中介作用
H8	养家动机能够调节工作—家庭冲突对个体幸福感的影响，在高水平养家动机下，工作—家庭冲突对个体幸福感的影响会减弱
H9	养家动机能够调节工作—家庭增益对个体幸福感的影响，在高水平养家动机下，工作—家庭增益对个体幸福感的影响会增强

第三节　模型构建

本书以借助数字平台从事副业的个体为主要研究对象。个体从事副业，会增加工作负荷量，可能会出现角色过载的现象，也有可能为家庭带来更多资源，对工作—家庭关系有直接影响，进而对个体幸福感产生影响。基于W-HR模型，以个人资源为纽带，将一个领域的要求和资源与另一个领域的结果联系起来，如副业会消耗个人的时间和精力，可能会减少个人在家庭领域付出的时间和精力，但从事副业所产出的成果，如薪酬、个人成就、社会网络等，增加了个人资源，同时改善了家庭领域的结果，如提高家庭收入、积极情绪和态度等。此时，从事副业对工作—家庭关系表现出较为积极的影响。工作—家庭关系对个体幸福感具有直接影响，工作—家庭冲突经常被认为是一个潜在的压力源，对个体幸福感具有负向作用，而工作—家庭增益则表示个体会获得更多的资源，对个体幸福感具有正向作用。因此，从事副业的工作投入对个体幸福感产生影响，而工作—家庭关系在副业投入与个体幸福感之间起到中介作用。

据此，本书可演绎出“副业投入—工作—家庭关系—个体幸福感”的基本研究路径，对零工经济背景下，个体从事副业对个体幸福感和工作—家庭关系的影响，以及工作—家庭关系对个体幸福感的影响进行整合性研究。在此基础上，还考虑从事副业的动机，可能对工作—家庭关系与个体幸福感之间的关系起到调节作用。本书的研究模型具体如图 3-8 所示。

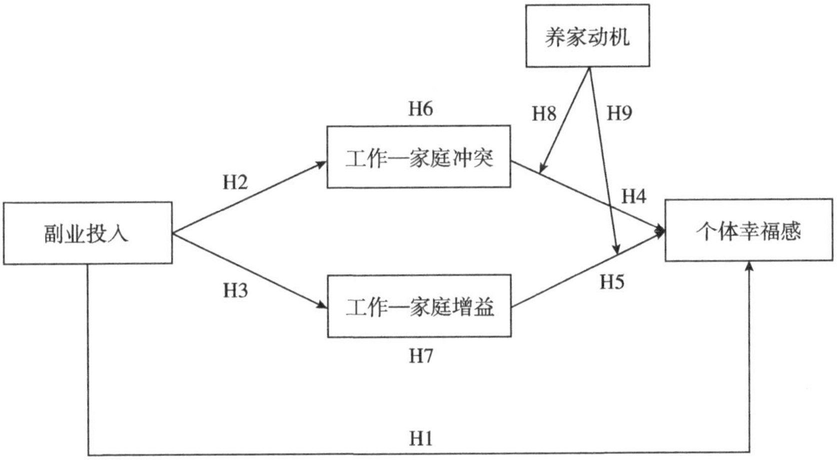

图 3-8　本书的研究模型

第四章　研究设计

第一节　问卷设计

针对本书研究的内容，查找、检索涉及研究内容的研究变量及相应的量表，参照国内外引用次数高且发表在国际一流期刊上的研究所采用的成熟量表，并根据中文语义语境对其进行综合修改。在这一过程中，采用了双向翻译的方法，并邀请了国内本领域教授和中国海外留学博士生对问卷进行了校对修改。与此同时，也与有副业的个体进行了交流，并参考了他们所提出的建议，以保证问卷的问题可以被快速理解。因此，在一定程度上可以保证量表的概念及题项的翻译与原量表的一致性，同时符合中文情境，尽可能提高语言表达的通俗性和准确性。

问卷以封闭式问题为主。问卷的调研信息包括本书涉及的各个变量，如副业投入、工作—家庭关系、个体幸福感、养家动机等。问卷内容由被调查个体自行填写。本书涉及的变量测量题项均采用李克特五点量表。

在问卷首页，对本书的研究目的及所涉及的内容进行了说明，并承诺将对所有样本数据进行保密，对数据所做分析仅用于科学研究，并说明，如果被调查个体对本书研究所得结果感兴趣，可以留下联系方式，届时将发送研究结果给参与调研的被调查个体。同时，在问卷所有问题结束之后向参与调研的被调查个体致谢。

调查问卷的第一题设置为逻辑跳转题，题目为“您在主业工作之外是否还有一份基于数字（网络）平台的副业（兼职）？例如，业余时间通过微信、抖音、闲鱼等平台进行的副业（兼职）”，选项为“有”和“没有”，如果选择“没有”，将直接跳转到调查问卷末尾，结束作答，以此保证被调查个体是预设的调查对象。

第二节　变量测量

本书涉及的变量包括自变量、结果变量、中介变量、调节变量和控制变量，其中，结果变量包括由生活满意度和积极情感组成的个体幸福感；自变量为副业投入；中介变量包括工作—家庭冲突、工作—家庭增益；调节变量为养家动机；控制变量包括性别、年龄、学历、婚姻状况、小孩数量、工作所在地区、工作年限以及副业收入占比等。为了确保变量测量的准确性，本书所采用的量表均参考国内外已公开发表的成熟量表。通过双向翻译后，结合专家与有从事副业个体的修改意见进行修改，使本书使用的量表能够适应中国情境、符合中文语义表述。

一、副业投入的测量

个体副业投入的测量采用 Schaufeli 和 Bakker（2006）开发的 UWES 量表。UWES 量表是目前对工作投入研究中最常用的量表，共有两个版本，一个是原版，共 17 个题项；另一个是短题本，共 9 个题项，每个维度 3 个题项。本书使用短题本 UWES 量表，问卷题目为“下列题目描述的是您在副业中的表现，请根据实际情况，选择您认为最合适的选项”，共 9 个题项（见表 4-1），如“早上起床后，我很乐意去工作”。题项选择采用李克特五点量表，1 代表“非常不同意”，5 代表“非常同意”。

表 4-1　副业投入的各项测量指标

变量名称	题项	题项内容	量表来源
副业投入	SWE1	早上起床后，我很乐意去工作	Schaufeli 和 Bakker（2006）
	SWE2	工作时我感到精力充沛	
	SWE3	工作时我觉得干劲十足	
	SWE4	我所做的工作能够激励我	
	SWE5	我非常热衷于我的工作	
	SWE6	我为自己所从事的工作感到骄傲	
	SWE7	当我工作时，满脑子只有工作	
	SWE8	我会沉浸于我的工作中	
	SWE9	当我专心于工作时，我感到快乐	

二、工作—家庭关系的测量

本书所涉及工作—家庭关系包括工作—家庭冲突和工作—家庭增益。具体测量方式如下：

工作—家庭冲突主要采用 Netemeyer 等（1996）开发的测量量表，共 5 个题项，工作—家庭增益主要采用 Carlson 等（2006）开发的测量量表，共 9 个题项。问卷题目为“下列题目描述的是您的副业对家庭的影响，请根据实际情况，选择您认为最合适的选项”，共 14 个题项（见表 4-2），如“工作需求经常干扰我的家庭生活”“帮助我理解不同的观点，这有助于我成为一个更好的家庭成员”。题项选择采用李克特五点量表，1 代表“非常不同意”，5 代表“非常同意”。

表 4-2 工作—家庭关系的各项测量指标

变量名称	题项	题项内容	量表来源
工作—家庭冲突	WFC1	工作需求经常干扰我的家庭生活	Netemeyer 等（1996）
	WFC2	工作占用的时间使我很难履行家庭责任	
	WFC3	由于工作需要，导致我原本想在家里做的事情无法完成	
	WFC4	由于工作压力，导致我难以履行家庭义务	
	WFC5	由于工作，我往往需要改变家庭活动的计划和安排	
工作—家庭增益	WFE1	帮助我理解不同的观点，这有助于我成为一个更好的家庭成员	Carlson 等（2006）
	WFE2	帮助我获得知识，这有助于我成为一个更好的家庭成员	
	WFE3	帮助我获得技能，这有助于我成为一个更好的家庭成员	
	WFE4	让我心情愉快，这有助于我成为一个更好的家庭成员	
	WFE5	让我感到快乐，这有助于我成为一个更好的家庭成员	
	WFE6	让我兴高采烈，这有助于我成为一个更好的家庭成员	
	WFE7	让我感到满足，这有助于我成为一个更好的家庭成员	
	WFE8	让我有成就感，这有助于我成为一个更好的家庭成员	
	WFE9	给我一种成功感，这有助于我成为一个更好的家庭成员	

三、个体幸福感的测量

本书对个体幸福感主要采用生活满意度和积极情感这两个变量来进行测量，具体测量方式如下：

生活满意度主要采用 Diener 等（1985）开发的测量量表，共 5 个题项，积极情感主要采用 Price（1997）开发的测量量表，共 4 个题项。问卷题目为“下列题目描述的是您目前的生活状态，请根据实际情况，选择您认为最合适的选项”，共 9 个题项（见表 4-3），如“在很多方面我的生活与我的理想生活很接近”“我的生活非常有趣”。题项选择采用李克特五点量表，1 代表“非常不同意”，5 代表“非常同意”。

表 4-3　个体幸福感的各项测量指标

变量名称	题项	题项内容	量表来源
个体幸福感	LWB1	在很多方面，我的生活与我的理想很接近	Diener 等（1985）
	LWB2	我的生活状态非常好	
	LWB3	我对自己的生活感到满意	
	LWB4	目前为止，我已得到生活中想要的重要的东西	
	LWB5	如果再选一次，我几乎不会改变目前的生活方式	
	LWB6	我的生活非常有趣	Price（1997）
	LWB7	我总能找到办法来充实自己的生活	
	LWB8	大部分时间，我可以真正感受到快乐	
	LWB9	在我看来，我的人生是非常有意义的	

四、养家动机的测量

个体的养家动机采用 Menges 等（2017）开发的测量量表，问卷题目为“下列题目描述的是您从事副业的原因，请根据实际情况，选择您认为最合适的选项”，共 5 个题项（见表 4-4），如“我要挣钱维持家庭生活开支”。题项选择采用李克特五点量表，1 代表“非常不同意”，5 代表“非常同意”。

表 4-4 养家动机的各项测量指标

变量名称	题项	题项内容	量表来源
养家动机	SFM1	我要挣钱维持家庭生活开支	Menges 等（2017）
	SFM2	我想为家人减轻经济负担	
	SFM3	我想改变家庭生活状况	
	SFM4	我想给我的家人创造更好的生活条件	
	SFM5	可以让家人生活得更好	

五、控制变量的测量

为了控制个体因素对于副业投入、工作—家庭关系以及个体幸福感各项指标的影响，本书加入了个体的人口统计学特征相关变量作为控制变量，包括个体的性别、年龄、学历、婚姻状况、小孩数量、工作年限以及副业收入在个人总收入中的占比等。具体测量方式如下：

（1）性别：被调查者的性别分为男性和女性 2 组。

（2）年龄：由被调查对象自行填写。

（3）学历：调查者的学历被分成 5 组，分别是中专及以下、大专、本科、硕士研究生和博士研究生。

（4）婚姻状况：被调查者的婚姻状况分为已婚和单身 2 组。

（5）小孩数量：被调查者的小孩数量被分成 5 组，分别是没有、1、2、3、4。

（6）工作年限：由被调查对象直接填写工作年限。

（7）副业收入占比：被调查者的副业收入占比被分成 6 组，分别是低于 10%、10%~20%、21%~30%、31%~40%、41%~50%、高于 50%。

第三节 问卷收集

本书研究主要以调查问卷的方式进行数据收集，在完成问卷设计工作后，于2022年5月至7月通过网络问卷平台进行电子问卷的发放和收集。本书所用数据的调查对象是有主业工作并在数字平台上从事副业的个体，主要包括微商、平台主播、自媒体运营、知识类平台接单和电商团购团长等，研究样本覆盖了全国大部分区域。

“数字平台副业（兼职）工作情况调查”总共回收675份问卷，问卷回收后，首先对问卷进行有效筛选，剔除在第一题“您在主业工作之外是否还有一份基于数字（网络）平台的副业（兼职）？例如，业余时间通过微信、抖音、闲鱼、威客等平台进行的副业（兼职）”中选择“没有”的问卷，此题为逻辑跳转题，选择“没有”会直接跳转到问卷末尾，结束答题，因为没有副业的个体不在本研究调查对象范围之内；其次剔除存在明显随意填写的问卷，如所有题项都选择同一选项；最后对年龄、学历和工作年限3个题项的逻辑关系进行判断，对存在明显问题的问卷进行剔除。按照上述标准对回收的问卷进行筛选，剔除无效问卷后，最后获得有效问卷541份，样本回收有效率为80.15%。

第四节 样本特征

本次调研历时3个月，有效率达80.15%，调查对象为有主业工作并在数字平台上从事副业的个体。

如表 4-5 所示，在 541 份有效样本中，被调查个体有以下八个特征：一是被调查个体的性别比较均等，男性和女性的占比分别是 53.05%和 46.95%。二是在被调查个体的年龄方面，最小年龄为 18 岁，最大年龄为 58 岁，平均年龄为 32.23 岁。三是在学历方面，被调查个体的学历集中于本科及以下，占比达到 86.69%，其中，中专及以下占比 11.65%，大专占比 33.09%，本科占比 41.96%，研究生占比较少，硕士研究生和博士研究生学历个体占比为 13.31%。四是在被调查个体的婚姻状况中，已婚人士相对单身人士较多，已婚人士占比 52.87%，单身人士占比 47.13%。五是被调查个体有 49.17%没有小孩，有 1 个小孩的占比 36.23%，有 2 个小孩的占比 12.75%，极少数人有 3 个小孩及以上。六是被调查个体的工作所在地区较为集中在华南、华中和西南，共占比 69.13%。七是在被调查个体的工作年限方面，最短的为 1 年，最长的为 36 年，平均值为 9.84 年。八是在被调查个体的副业收入占比方面，集中在 30%以下，其中低于 10%的样本数占比 21.63%，10%~20%的样本数占比 33.64%，21%~30%的样本数占比 22.37%。

表 4-5　样本描述性特征汇总（N=541）

统计变量	具体统计类型	样本数（个）	百分比（%）	累计百分比（%）
性别	男	287	53.05	53.05
	女	254	46.95	100.00
年龄	最小值	最大值	平均值	—
	18 岁	58 岁	32.23 岁	—
学历	中专及以下	63	11.65	11.65
	大专	179	33.09	44.73
	本科	227	41.96	86.69
	硕士研究生	54	9.98	96.67
	博士研究生	18	3.33	100.00

续表

统计变量	具体统计类型	样本数（个）	百分比（%）	累计百分比（%）
婚姻状况	已婚	286	52.87	52.87
	单身	255	47.13	100
小孩数量	没有	266	49.17	49.17
	1	196	36.23	85.40
	2	69	12.75	98.15
	3	10	1.85	100.00
	4	0	0.00	100.00
工作所在地区	西南	98	18.11	18.11
	华东	73	13.49	31.61
	华南	173	31.98	63.59
	华中	103	19.04	82.62
	华北	55	10.17	92.79
	东北	25	4.62	97.41
	西北	14	2.59	100.00
工作年限	最小值	最大值	平均值	
	1年	36年	9.84年	
副业收入占比	低于10%	117	21.63	21.63
	10%~20%	182	33.64	55.27
	21%~30%	121	22.37	77.63
	31%~40%	64	11.83	89.46
	41%~50%	31	5.73	95.19
	高于50%	26	4.81	100.00

总体来说，本书研究的调研对象涵盖面广，数量也较多，零工经济特征明显，具有较好的代表性。

第五节 统计分析方法

为了详细、准确、科学地对本书的样本进行分析，以及对提出的研究假设进行检验，采用了信度检验、效度检验、相关分析和回归分析。

（1）信度检验。信度检验是评价测验结果一致性、稳定性及可靠性的一项指标。量表的信度越大，量表的测量误差就越小，量表就越值得信赖。在本书研究中，将采用克隆巴赫 α 系数（即 Cronbach's α 系数）来衡量各个构念量表的信度，Cronbach's α 系数越大，量表越稳定。如果量表的信度系数大于 0.9，表示信度非常理想；大于 0.7，表示可以接受，小于 0.5，表示表不可用。

（2）效度检验。量表效度是指测量量表的准确性，即表达测量内容与构念本身含义的一致性。量表的效度分为内容效度、结构效度、聚合效度和区分效度。一般采用验证性因子分析（CFA）来检验测量量表的聚合效度和区分效度。

（3）相关分析。相关分析主要是描述和分析两个或两个以上变量之间相关的性质与程度的过程。相关分析的主要目的是通过具体的数量描述来呈现变量之间的相互关系的密切程度和变化规律。一般是为其他统计分析手段提供参考依据。本书利用皮尔森（Pearson）相关系数矩阵来查看变量间的相关系数。除此之外，相关分析还能够帮助识别研究所涉及的变量之间是否存在多重共线性问题，一般以 0.75 为判断标准，若系数超过 0.75，则说明变量之间可能存在共线性问题。

（4）回归分析。回归分析主要用来分析变量或事务之间的统计关系，侧重于考察变量与变量之间的数量变化规律，并通过回归方程的形式描述和反映这种统计关系。回归分析可以较为准确地把握和理解某个变量受到（一个或多个）其他变量影响的程度，从而为科学的决策、分析提供数据依据。

第五章　数据分析与假设检验

第一节　量表信度检验

一、副业投入量表的信度检验

在本书研究中，副业投入量表共有 9 个测量条目。如表 5-1 所示，副业投入量表的信度达到了 0.928，并且项目—总体相关系数（CITC）均大于 0.6，说明副业投入的各个测量条目具有较高的相关性。另外，项目删除后的 Cronbach's α 系数均小于 0.928，表示副业投入量表具有非常高的信度。

表 5-1　副业投入信度分析

题项	项目—总体相关系数（CITC）	项目删除后的 Cronbach's α 系数	Cronbach's α 系数
SWE1	0.712	0.921	0.928
SWE2	0.723	0.921	
SWE3	0.764	0.918	

续表

题项	项目—总体相关系数（CITC）	项目删除后的 Cronbach's α 系数	Cronbach's α 系数
SWE4	0.738	0.920	0.928
SWE5	0.765	0.918	
SWE6	0.743	0.919	
SWE7	0.699	0.922	
SWE8	0.749	0.919	
SWE9	0.739	0.920	

二、工作—家庭关系量表的信度检验

在本书研究中，工作—家庭关系量表有两个维度：副业投入引起的工作—家庭冲突和带来的工作—家庭增益。工作—家庭冲突共有 5 个测量条目，工作—家庭增益共有 9 个测量条目。

如表 5-2 所示，工作—家庭冲突量表的信度达到了 0.933，并且项目—总体相关系数（CITC）均大于 0.7，说明工作—家庭冲突的各个测量条目具有较高的相关性。另外，项目删除后的 Cronbach's α 系数均小于 0.933，表示工作—家庭冲突量表具有非常高的信度。

表 5-2　工作—家庭冲突信度分析

题项	项目—总体相关系数（CITC）	项目删除后的 Cronbach's α 系数	Cronbach's α 系数
WFC1	0.812	0.919	0.933
WFC2	0.855	0.911	
WFC3	0.851	0.912	
WFC4	0.856	0.911	
WFC5	0.736	0.933	

如表 5-3 所示，工作—家庭增益量表的信度达到了 0.966，并且项目—总体相关系数（CITC）均大于 0.8，说明工作—家庭增益的各个测量条目具有较高的相关性。另外，项目删除后的 Cronbach's α 系数均小于 0.966，表示工作—家庭增益量表具有非常高的信度。

表 5-3 工作—家庭增益信度分析

题项	项目—总体相关系数（CITC）	项目删除后的 Cronbach's α 系数	Cronbach's α 系数
WFE1	0.801	0.964	0.966
WFE2	0.837	0.962	
WFE3	0.842	0.962	
WFE4	0.864	0.961	
WFE5	0.867	0.961	
WFE6	0.871	0.961	
WFE7	0.878	0.960	
WFE8	0.856	0.961	
WFE9	0.864	0.961	

三、个体幸福感量表的信度检验

在本书研究中，个体幸福感量表有两个维度：在数字平台上从事副业个体的生活满意度和积极情感。生活满意度共有 5 个测量条目，积极情感共有 4 个测量条目。

如表 5-4 所示，包含生活满意度和积极情感两个维度的个体幸福感测量量表的信度达到了 0.918，并且项目—总体相关系数（CITC）均大于 0.6，说明个体幸福感的各个测量条目具有较高的相关性。另外，项目删除后的 Cronbach's α 系数均小于 0.918，表示该个体幸福感量表具有非常高的信度。

表 5-4　个体幸福感信度分析

题项	项目—总体相关系数（CITC）	项目删除后的 Cronbach's α 系数	Cronbach's α 系数
LWB1	0.758	0.907	0.918
LWB2	0.760	0.907	
LWB3	0.753	0.907	
LWB4	0.744	0.908	
LWB5	0.685	0.913	
LWB6	0.721	0.909	
LWB7	0.625	0.915	
LWB8	0.699	0.911	
LWB9	0.683	0.912	

四、养家动机量表的信度检验

在本书研究中，养家动机量表共有5个测量条目。如表5-5所示，养家动机量表的信度达到了0.945，并且项目—总体相关系数（CITC）均大于0.8，说明养家动机的各个测量条目具有较高的相关性。另外，项目删除后的Cronbach's α系数均小于0.945，表示养家动机量表具有非常高的信度。

表 5-5　养家动机信度分析

题项	项目—总体相关系数（CITC）	项目删除后的 Cronbach's α 系数	Cronbach's α 系数
SFM1	0.827	0.936	0.945
SFM2	0.865	0.930	
SFM3	0.854	0.932	
SFM4	0.858	0.931	
SFM5	0.847	0.933	

第二节 共同方法偏差检验

共同方法偏差（Common Method Biases，CMB）是指由于同一数据源或评价者、同一测量环境、项目背景以及项目本身的特点等原因造成的预测变量与效标变量之间的人为共变。这种人为共变严重混淆了研究结果和可能潜在误导结论，是一种系统误差（周浩、龙立荣，2004）。共同方法偏差在采用问卷调查法的研究中广泛存在。由于条件所限，本书采用成熟量表收集同一被调查者的认知信息，尽管在研究设计和测量的过程中，通过的匿名性、问卷题项的可答性、逻辑判断等进行控制，这些方式虽能在一定程度上降低共同方差偏差，但是受到测量环境、项目背景以及项目本身的特点等因素的影响，此问题仍可能存在。

本书选择最常用的 Harman 单因子检验（Harman’s Single-factor Test）来检验样本数据是否存在共同方法偏差。分析结果显示（见表 5-6），本样本数据的 KMO 值为 0.863，大于 0.6，满足因子分析的先决条件，意味着该数据可以用于因子分析研究，并且该数据通过了 Bartlett 球形检验（p<0.05），说明该样本数据适合进行因子分析。主成分分析共抽取了 6 个特征值大于 1 的因子（见表 5-7），解释了总变异量的 76.371%，其中，第一个因子的特征值为 14.323%，解释了 38.710%的变异量，未占到总变异解释量的一半，说明并不存在能够解释绝大部分变异量的单一因子，因此，可判断本书的样本数据并不存在严重的共同方法偏差。

表 5-6　KMO 和 Bartlett 的检验

KMO 值		0.863
Bartlett 球形检验	近似卡方	3543.234
	df	666
	p 值	0.000

表 5-7　方差解释率

因子编号	特征根			旋转后方差解释率		
	特征根	方差解释率（%）	累计百分比（%）	特征根	方差解释率（%）	累计百分比（%）
1	14.323	38.710	38.710	7.328	19.805	19.805
2	4.530	12.243	50.953	5.510	14.892	34.698
3	3.377	9.128	60.081	4.228	11.428	46.126
4	2.932	7.923	68.004	4.114	11.118	57.243
5	1.721	4.650	72.654	3.996	10.800	68.043
6	1.375	3.717	76.371	3.081	8.328	76.371
……						
37	0.034	0.092	100.000	—	—	—

第三节　量表区分效度检验

在信度检验的基础上，本书进一步检验量表的效度，采用验证性因子分析法（CFA）对变量进行区分效度检验。将由副业投入、工作—家庭冲突、工作—家庭增益、个体幸福感和养家动机五个变量组成的五因子模型、四因子模型、三因子模型以及单因子模型进行比较。在五因子模型中，五个构念都被认为是独立的变量；在四因子模型中，将工作—家庭冲突和工作—家庭增益合并为一个因子；在三因子模型中，根据模型假设中各个变量可能起到的作用，将副业投入、工作—家庭冲突和工作—家庭增益合并为一个因子；在单因子模型中，都有的变量被认为是一个单一因子。一般认为，当 χ^2 的值是显著的，RMSEA 的值小于或等于 0.08，且 CFI 和 IFI 大于 0.9，则表明模型的拟合效果较好（Kline，2005）。

根据表 5-8 所示，五因子模型的数据拟合指标为 $\chi^2 = 2041.188$，df = 619，$\chi^2/df = 3.298$，RMSEA = 0.065，NNFI = 0.913，CFI = 0.919，TLI = 0.913，与四因子模型、三因子模型和单因子模型的拟合指标相比较，五因子模型的数据拟合指标最佳，并且各项拟合指标符合临界值标准，说明本书的五因子具有非常好的区分效度。

表 5-8 验证性因子分析：区分效度（n=541）

模型	χ^2	df	χ^2/df	RMSEA	NNFI	CFI	TLI
五因子模型	2041.188	619	3.298	0.065	0.913	0.919	0.913
四因子模型	4177.491	623	6.705	0.103	0.785	0.799	0.785
三因子模型	5572.592	626	8.902	0.121	0.701	0.710	0.701
单因子模型	9248.551	629	14.704	0.159	0.483	0.511	0.483

注：五因子模型：副业投入、工作—家庭冲突、工作—家庭增益、个体幸福感、养家动机；四因子模型：副业投入、工作—家庭冲突+工作—家庭增益、个体幸福感、养家动机；三因子模型：副业投入+工作—家庭冲突+工作—家庭增益、个体幸福感、养家动机；单因子模型：副业投入+工作—家庭冲突+工作—家庭增益+个体幸福感+养家动机。

表 5-9 标出了五个因子测量项目的标准化因子载荷与组合信度。由表 5-9 可知，五因子模型中每个变量的标准化因子载荷均大于 0.6，绝大部分因子载荷都大于 0.7，表示同一变量下的测量条目能够很好地反映这一量表。

五因子模型的验证性因子分析很好地表明所收集的变量数据具有较高的区分效度，为后续的实证分析和假设检验奠定了良好基础。表 5-9 中，每个因子的组合信度都大于 0.9，再次说明每个因子都具有很好的区分效度。

表 5-9　验证性因子分析：测量项目的因子载荷与组合信度

变量	测量条目	标准化因子载荷	组合信度
副业投入	早上起床后，我很乐意去工作	0.739	0.928
	工作时我感到精力充沛	0.753	
	工作时我觉得干劲十足	0.794	
	我所做的工作能够激励我	0.775	
	我非常热衷于我的工作	0.804	
	我为自己所从事的工作感到骄傲	0.774	
	当我工作时，满脑子只有工作	0.721	
	我会沉浸于我的工作中	0.779	
	当我专心于工作时，我感到快乐	0.773	
工作—家庭冲突	工作需求经常干扰我的家庭生活	0.850	0.934
	工作占用的时间使我很难履行家庭责任	0.896	
	由于工作需要，导致我原本想在家里做的事情无法完成	0.891	
	由于工作压力，导致我难以履行我的家庭义务	0.893	
	由于工作，我往往需要改变家庭活动的计划和安排	0.761	
工作—家庭增益	帮助我理解不同的观点，这有助于我成为一个更好的家庭成员	0.813	0.966
	帮助我获得知识，这有助于我成为一个更好的家庭成员	0.849	
	帮助我获得技能，这有助于我成为一个更好的家庭成员	0.853	
	让我心情愉快，这有助于我成为一个更好的家庭成员	0.884	
	让我感到快乐，这有助于我成为一个更好的家庭成员	0.889	
	让我兴高采烈，这有助于我成为一个更好的家庭成员	0.889	
	让我感到满足，这有助于我成为一个更好的家庭成员	0.897	
	让我有成就感，这有助于我成为一个更好的家庭成员	0.874	
	给我一种成功感，这有助于我成为一个更好的家庭成员	0.882	

续表

变量	测量条目	标准化因子载荷	组合信度
个体幸福感	在很多方面，我的生活与我的理想生活很接近	0.836	0.918
	我的生活状态非常好	0.839	
	我对自己的生活感到满意	0.838	
	目前为止，我已得到生活中想要的重要的东西	0.824	
	如果再选一次，我几乎不会改变目前的生活方式	0.771	
	我的生活非常有趣	0.672	
	我总能找到办法来充实自己的生活	0.585	
	大部分时间，我可以真正感受到快乐	0.655	
	在我看来，我的人生会是非常有意义的	0.640	
养家动机	我要挣钱维持家庭生活开支	0.854	0.945
	我想为家人减轻经济负担	0.895	
	我想改变家庭生活状况	0.883	
	我想给我的家人创造更好的生活条件	0.892	
	可以让家人生活得更好	0.878	

第四节　变量间的相关性分析

进行信度和效度检验之后，需要通过相关性分析来初步判断变量之间的相关关系，为后续的回归分析提供依据。相关性分析用于研究两个变量之间的相关关系情况，通过相关性分析以评估研究变量之间的相关关系的强度和方向。其衡量标准为相关系数，相关系数表示两个变量之间的强度和方向。一般情况下，调查问卷研究中通常使用 Pearson 相关系数，系数越接近-1.0或1.0，说明变量之间的相关性越强。通过SPSS软件，本书的所有变量之间的Pearson描述性统计和相关系数矩阵如表5-10所示。除人口统计学特征变量外，其他核心变量均存在显著的正相关或负相关关系，且每个变量之间的相关性系数均小于0.7。如果两个变量之间的相关性大于0.75，则这两个变量可能存在严重的多重共线性问题（Tsui et al.，1995）。因此，根据这一标准，可初步判断本书的主要变量之间并不存在严重的多重共线性问题。

由表5-10可以看出：

（1）副业投入与工作—家庭增益（$r=0.653$，$p<0.01$）、个体幸福感（$r=0.591$，$p<0.01$）和养家动机（$r=0.276$，$p<0.01$）显著正相关，与工作—家庭冲突（$r=-0.405$，$p<0.01$）显著负相关。

（2）工作—家庭冲突与工作—家庭增益（$r=-0.274$，$p<0.01$）和个体幸福感（$r=-0.333$，$p<0.01$）显著负相关。

（3）工作—家庭增益与个体幸福感（$r=0.604$，$p<0.01$）和养家动机（$r=0.252$，$p<0.01$）显著正相关。

（4）个体幸福感与养家动机（$r=0.145$，$p<0.01$）显著正相关，与副业收入占比（$r=0.101$，$p<0.05$）显著正相关。

（5）养家动机与年龄（$r=-0.145$，$p<0.01$）、学历（$r=-0.111$，$p<0.01$）和工作年限（$r=-0.091$，$p<0.05$）显著负相关。

以上相关系数分析初步验证了变量之间存在相互作用，但仍需要通过回归分析进一步验证本书所提出的研究假设。

表 5-10 各个变量之间的相关系数

变量	平均值	标准差	(1)	(2)	(3)	(4)	(5)	(6)	(7)	(8)	(9)	(10)	(11)	(12)
(1) 副业投入	3.687	0.822	1											
(2) 工作—家庭冲突	2.103	0.764	-0.405**	1										
(3) 工作—家庭增益	3.626	0.895	0.653**	-0.274**	1									
(4) 个体幸福感	3.395	0.797	0.591**	-0.333**	0.604**	1								
(5) 养家动机	3.611	1.150	0.276**	-0.041	0.252**	0.145**	1							
(6) 性别	1.470	0.500	-0.013	-0.037	-0.044	-0.016	-0.033	1						
(7) 年龄	32.235	8.723	-0.053	0.062	-0.072	0.005	-0.145**	0.058	1					
(8) 学历	2.603	0.934	0.024	-0.037	0.003	0.040	-0.111**	0.087*	0.104*	1				
(9) 婚姻状况	1.471	0.500	0.063	-0.046	0.050	0.012	0.074	-0.057	-0.676**	-0.074	1			
(10) 小孩数量	1.673	0.766	-0.034	0.064	-0.016	0.038	-0.063	0.039	0.624**	0.009	-0.811**	1		
(11) 工作年限	9.839	8.459	-0.040	0.080	-0.064	0.006	-0.091*	0.029	0.958**	-0.099*	-0.625**	0.595**	1	
(12) 副业收入占比	2.608	1.353	0.032	-0.001	0.007	0.101*	0.019	-0.073	0.055	0.001	-0.052	0.073	0.050	1

注：* 表示 $p<0.05$，** 表示 $p<0.01$。

第五节　控制变量对个体幸福感的影响分析

除自变量、中介变量、调节变量对因变量的影响外，控制变量也有可能对因变量产生影响。为对本书的数据和实证结果进行更为严谨的分析，必须充分考虑控制变量对因变量个体幸福感的影响。本书选用的控制变量主要为个体层面的人口统计学特征变量，包括性别、年龄、学历、婚姻状况、小孩数量、工作年限以及副业收入在个人总收入中的占比等。将根据控制变量的类型或性质采用比较均值、单因素方差等方法分析这些控制变量对个体幸福感的影响。具体如下：

一、性别对个体幸福感的影响

被调查对象的性别分为男性和女性，采用比较均值和单因素方差等方法来检验个体性别对幸福感的影响。如表 5-11 所示，在置信水平 95%的情况下，不同性别的个体幸福感的方差是齐性的（$p=0.853>0.05$），并且不同性别的个体幸福感并不存在显著性的差异（$p=0.714>0.05$）。这表明不同性别的个体在幸福感体验方面并不存在显著的差异。

表 5-11　性别对个体幸福感的影响分析

变量	性别	样本量	均值	方差齐性检验			均值差异检验			Eta 平方
				F 值	显著性	是否齐性	F 值	显著性	是否显著	
幸福感	男性	287	3.41	0.034	0.853	是	0.135	0.714	否	0.000
	女性	254	3.38							

二、年龄对个体幸福感的影响

被调查对象的年龄以平均值32岁为界分为两组，分别为32岁及以下和33岁及以上，采用比较均值和单因素方差等方法来检验个体年龄对幸福感的影响。如表5-12所示，在置信水平95%的情况下，不同年龄组的个体幸福感的方差是齐性的（p=0.293>0.05），并且不同年龄的个体幸福感并不存在显著性的差异（p=0.818>0.05）。这表明不同年龄组的个体在幸福感体验方面并不存在显著的差异。

表5-12 年龄对个体幸福感的影响分析

变量	年龄	样本量	均值	方差齐性检验			均值差异检验			Eta平方
				F值	显著性	是否齐性	F值	显著性	是否显著	
幸福感	32岁及以下	303	3.39	1.109	0.293	是	0.053	0.818	否	0.000
	33岁及以上	238	3.41							

三、学历对个体幸福感的影响

被调查对象的学历状况分为五组，分别为中专及以下、大专、本科、硕士研究生和博士研究生，采用比较均值和单因素方差等方法来检验个体学历状况对幸福感的影响。如表5-13所示，在置信水平95%的情况下，不同学历的个体幸福感的方差是齐性的（p=0.693>0.05），并且不同学历的个体幸福感并不存在显著性的差异（p=0.291>0.05）。这表明不同学历的个体在幸福感体验方面并不存在显著的差异。

表 5-13 学历对个体幸福感的影响分析

变量	学历	样本量	均值	方差齐性检验			均值差异检验			Eta 平方
				F 值	显著性	是否齐性	F 值	显著性	是否显著	
幸福感	中专及以下	63	3.35	0.559	0.693	是	1.245	0.291	否	0.009
	大专	179	3.39							
	本科	227	3.40							
	硕士研究生	54	3.33							
	博士研究生	18	3.78							

四、婚姻状况对个体幸福感的影响

被调查对象的婚姻状况分为已婚和单身两组，采用比较均值和单因素方差等方法来检验个体婚姻状况对幸福感的影响。如表 5-14 所示，在置信水平 95%的情况下，不同婚姻状况的个体幸福感的方差是齐性的（p=0.805>0.05），并且不同婚姻状况的个体幸福感并不存在显著差异（p=0.779>0.05）。这表明不同婚姻状况的个体在幸福感体验方面并不存在显著差异。

表 5-14 婚姻状况对个体幸福感的影响分析

变量	婚姻状况	样本量	均值	方差齐性检验			均值差异检验			Eta 平方
				F 值	显著性	是否齐性	F 值	显著性	是否显著	
幸福感	已婚	286	3.39	0.061	0.805	是	0.079	0.779	否	0.000
	单身	255	3.40							

五、小孩数量对个体幸福感的影响

被调查对象的小孩数量分为五组，分别为没有、1、2、3、4，由于没有个体选择4，因此只分为四组，采用比较均值和单因素方差等方法来检验个体小孩数量状况对幸福感的影响。如表5-15所示，在置信水平95%的情况下，家有不同小孩数量的个体幸福感的方差是齐性的（p=0.585>0.05），并且不同小孩数量的个体幸福感并不存在显著性的差异（p=0.538>0.05）。这表明不同小孩数量的个体在幸福感体验方面并不存在显著的差异。

表5-15　小孩数量对个体幸福感的影响分析

变量	小孩数量	样本量	均值	方差齐性检验			均值差异检验			Eta 平方
				F值	显著性	是否齐性	F值	显著性	是否显著	
幸福感	没有	266	3.38	0.647	0.585	是	0.724	0.538	否	0.004
	1	196	3.36							
	2	69	3.52							
	3	10	3.47							

六、工作年限对个体幸福感的影响

被调查对象的工作年限以平均值9年为界分为两组，分别为1~9年和9年以上，采用比较均值和单因素方差等方法来检验个体工作年限对幸福感的影响。如表5-16所示，在置信水平95%的情况下，不同工作年限的个体幸福感的方差是齐性的（p=0.997>0.05），并且不同工作年限的个体幸福感并不存在显著差异（p=0.554>0.05）。这表明不同工作年限的个体在幸福感体验方面并不存在显著差异。

表 5-16　工作年限对个体幸福感的影响分析

变量	工作年限	样本量	均值	方差齐性检验			均值差异检验			Eta 平方
				F 值	显著性	是否齐性	F 值	显著性	是否显著	
幸福感	1~9 年	299	3.38	0.000	0.997	是	0.352	0.554	否	0.001
	9 年以上	242	3.42							

七、副业收入在个人总收入中的占比对个体幸福感的影响

被调查对象从事副业的收入在个人总收入中的占比，以 40%为界分成两组，分别为低于 40%和 40%及以上，采用比较均值和单因素方差等方法来检验个体副业收入在个人总收入中的占比对于幸福感的影响。如表 5-17 所示，在置信水平 95%的情况下，不同副业收入占比的个体幸福感的方差是齐性的（$p=0.530>0.05$），但不同副业收入占比的个体幸福感均值存在显著差异（$p=0.026<0.05$）。这表明，不同副业收入占比的个体在幸福感体验方面存在显著差异。效果值 Eta 平方为 0.009，表明个体从事副业的收入占总收入的高低对于个体幸福感变异的解释力度为 0.9%，为低相关强度。

表 5-17　副业收入占比对个体幸福感的影响分析

变量	副业收入占比	样本量	均值	方差齐性检验			均值差异检验			Eta 平方
				F 值	显著性	是否齐性	F 值	显著性	是否显著	
幸福感	低于 40%	484	3.37	0.829	0.530	是	4.952	0.026	是	0.009
	40%及以上	57	3.62							

第六节　回归分析和假设检验

在进行了量表的信度和效度检验之后，形成了最终数据。并且，在此基础上对变量间的相关关系进行了分析。本节将进行回归分析，以进一步明确变量之间的影响关系。

一、副业投入与个体幸福感

为检验副业投入与个体幸福感之间的关系，本书在构建包含控制变量的模型 1（M1）的基础上，加入自变量副业投入构建模型 2（M2），具体分析结果如表 5-18 所示。

表 5-18　副业投入与个体幸福感的回归分析结果

变量	M1	M2
	B	B
常数	0.530	-0.741
控制变量		
性别	-0.018	-0.011
年龄	-0.025	0.002
学历	0.098	0.031
婚姻状况	0.243	0.154
小孩数量	0.181	0.138
工作年限	0.025	-0.001

续表

变量	M1	M2
	B	B
副业收入占比	0.073*	0.058*
自变量		
副业投入		0.588**
R^2	0.021	0.362
调整后的 R^2	0.008	0.352
F 值	1.617	37.688**

注：B 为非标准化系数；* 表示 p<0.05，** 表示 p<0.01。

在表 5-18 中，模型 1（M1）为只加入控制变量的初始模型，结果显示，副业收入占比对个体幸福感存在显著影响，性别、年龄、学历、婚姻状况、小孩数量和工作年限对个体幸福感没有显著影响。

模型 2（M2）是在 M1 的基础上加上自变量副业投入，同样以个体幸福感为因变量进行回归的模型。从 M2 的数据分析结果可以看出，自变量副业投入对因变量个体幸福感影响的回归系数为 0.588，且在 1%的水平上显著（B=0.588，p<0.01），副业投入有效解释了个体幸福感的变异，并且在显著性水平为 p<0.01 范围内显著。因此，H1“副业投入对个体幸福感具有正向影响”获得了支持，即随着副业投入的增加，个体将体验到更高水平的个体幸福感。相比模型 1 的调整后 R^2，模型 2 的调整后 R^2 更高，且 F 值在 1%的水平上显著，表明增加副业投入之后，模型对于个体幸福感的解释作用更强。模型的 F 值的 p 值小于 0.01，表明该模型中包括副业投入与个体幸福感之间的线性关系在总体上显著。

二、副业投入与工作—家庭的关系

1. 副业投入与工作—家庭冲突

为检验副业投入与工作—家庭冲突之间的关系，本书在构建包含控制变量的模型 3（M3）的基础上，加入自变量副业投入构建模型 4（M4），具体分析结果如表 5-19 所示。

表 5-19 副业投入与工作—家庭冲突的回归分析结果

变量	M3	M4
	B	B
常数	0.351	0.499
控制变量		
性别	-0.070	-0.074
年龄	-0.024	-0.043
学历	0.016	0.063
婚姻状况	0.046	0.108
小孩数量	0.077	0.107
工作年限	0.031	0.049*
副业收入占比	-0.006	0.004
自变量		
副业投入		-0.411**
R^2	0.011	0.178
调整后的 R^2	-0.002	0.166
F 值	0.873	14.403**

注：B 为非标准化系数；* 表示 $p<0.05$，** 表示 $p<0.01$。

在表5-19中，模型3（M3）为只加入控制变量的初始模型，结果显示，工作年限对工作—家庭冲突存在显著影响，性别、年龄、学历、婚姻状况、小孩数量和副业收入占比对工作—家庭冲突没有显著影响。

模型4（M4）是在M3的基础上加上自变量副业投入，同样以工作—家庭冲突为因变量进行回归的模型。从M4的数据分析结果可以看出，自变量副业投入对因变量工作—家庭冲突影响的回归系数为-0.411，且在1%的水平上显著（B=-0.411，p<0.01），表明副业投入有效解释了工作—家庭冲突的变异，并且在显著性水平为p<0.01范围内显著。因此，H2“副业投入对工作—家庭冲突具有负向影响”获得了支持。随着副业投入的增加，个体将体验到更低水平的工作—家庭冲突。相比模型3的调整后R^2，模型4的调整后R^2更高，且F值在1%的水平上显著，表明在加入副业投入之后，模型对于工作—家庭冲突的解释作用更强。模型的F值的p值小于0.01，表明该模型包括副业投入与工作—家庭冲突之间的线性关系在总体上显著。

2. 副业投入与工作—家庭增益

为检验副业投入与工作—家庭增益之间的关系，本书在构建包含控制变量的模型5（M5）的基础上，加入自变量副业投入构建模型6（M6），具体分析结果如表5-20所示。

表5-20　副业投入与工作—家庭增益的回归分析结果

变量	M5	M6
	B	B
常数	0.314	0.079
控制变量		
性别	-0.077	-0.071
年龄	-0.029	0.001

续表

变量	M5	M6
	B	B
学历	0.056	-0.019
婚姻状况	0.121	0.022
小孩数量	0.119	0.072
工作年限	0.020	-0.009
副业收入占比	0.004	-0.012
自变量		
副业投入		0.653**
R^2	0.011	0.431
调整后的 R^2	-0.002	0.423
F 值	0.847	50.452**

注：B 为非标准化系数；* 表示 $p<0.05$，** 表示 $p<0.01$。

在表 5-20 中，模型 5（M5）为只加入控制变量的初始模型，结果显示，性别、年龄、学历、婚姻状况、小孩数量、工作年限和副业收入占比对工作—家庭增益没有显著影响。

模型 6（M6）是在 M5 的基础上加上自变量副业投入，同样以工作—家庭增益为因变量进行回归的模型。从 M6 的数据分析结果可以看出，自变量副业投入对因变量工作—家庭增益影响的回归系数为 0.653，且在 1%的水平上显著（$B=0.653$，$p<0.01$），副业投入有效解释了工作—家庭增益的变异，并且在显著性水平为 $p<0.01$ 范围内显著。因此，H3 “副业投入对工作—家庭增益具有正向影响” 获得了支持，即随着副业投入的增加，个体将体验到更高水平的工作—家庭增益。相比模型 5 的调整后 R^2，模型 6 的调整后 R^2 更高，且 F 值在 1% 水平上显著，表明在加入副业投入之后，模型对于工作—家庭增益的解释作用更强。模型的 F 值的 p 值小于 0.01，表明该模型中

包括副业投入与工作—家庭增益之间的线性关系在总体上显著。

三、工作—家庭关系与个体幸福感

1. 工作—家庭冲突与个体幸福感

为检验工作—家庭冲突与个体幸福感之间的关系，本书在构建包含控制变量的模型 1（M1）的基础上，加入自变量工作—家庭冲突构建模型 7（M7），具体分析结果如表 5-21 所示。

表 5-21　工作—家庭冲突与个体幸福感的回归分析结果

变量	M1	M7
	B	B
常数	0.530	-0.410
控制变量		
性别	-0.018	-0.041
年龄	-0.025	-0.033
学历	0.098	0.104
婚姻状况	0.243	0.259
小孩数量	0.181	0.207*
工作年限	0.025	0.035
副业收入占比	0.073*	0.070*
自变量		
工作—家庭冲突		-0.340**
R^2	0.021	0.135
调整后的 R^2	0.008	0.122
F 值	1.617	10.388**

注：B 为非标准化系数；* 表示 $p<0.05$，** 表示 $p<0.01$。

在表5-21中，模型1（M1）为只加入控制变量的初始模型，结果显示，副业收入占比对积极情感存在显著影响，性别、年龄、学历、婚姻状况、小孩数量和工作年限对积极情感没有显著影响。

模型7（M7）是在M1的基础上加上自变量工作—家庭冲突，同样以个体幸福感为因变量进行回归的模型。从M7的数据分析结果可以看出，自变量工作—家庭冲突对因变量个体幸福感影响的回归系数为-0.340，且在1%的水平上显著（B=-0.340，$p<0.01$），工作—家庭冲突有效解释了个体幸福感的变异，并且在显著性水平为$p<0.01$范围内显著。因此，H4“工作—家庭冲突对个体幸福感具有负向影响”获得了支持，即随着工作—家庭冲突的增加，个体将体验到更低水平的个体幸福感。相比模型1的调整后R^2，模型7的调整后R^2更高，且F值在1%水平上显著，表明在加入工作—家庭冲突之后，模型对于个体幸福感的解释作用更强。模型的F值的p值小于0.01，表明该模型中包括工作—家庭冲突与个体幸福感之间的线性关系在总体上显著。

2. 工作—家庭增益与个体幸福感

为检验工作—家庭增益与个体幸福感之间的关系，本书在构建包含控制变量的模型1（M1）的基础上，加入自变量工作—家庭增益构建模型8（M8），具体分析结果如表5-22所示。

表5-22 工作—家庭增益与个体幸福感的回归分析结果

变量	M1	M8
	B	B
常数	0.530	-0.719
控制变量		
性别	-0.018	0.029

续表

变量	M1	M8
	B	B
年龄	-0.025	-0.007
学历	0.098	0.065
婚姻状况	0.243	0.170
小孩数量	0.181	0.109
工作年限	0.025	0.013
副业收入占比	0.073*	0.070**
自变量		
工作—家庭增益		0.603**
R^2	0.021	0.381
调整后的 R^2	0.008	0.372
F 值	1.617	40.901**

注：B 为非标准化系数；* 表示 $p<0.05$，** 表示 $p<0.01$。

在表 5-22 中，模型 1（M1）为只加入控制变量的初始模型，结果显示，副业收入占比对个体幸福感存在显著影响，性别、年龄、学历、婚姻状况、小孩数量和工作年限对个体幸福感没有显著影响。

模型 8（M8）是在 M1 的基础上加上自变量工作—家庭增益，同样以个体幸福感为因变量进行回归的模型。从 M8 的数据分析结果可以看出，自变量工作—家庭增益对因变量个体幸福感影响的回归系数为 0.603，且在 1%的水平上显著（$B=0.603$，$p<0.01$），工作—家庭增益有效解释了个体幸福感的变异，并且在显著性水平为 $p<0.01$ 范围内显著。因此，H5“工作—家庭增益对个体幸福感具有正向影响”获得了支持，即随着工作—家庭增益的增加，个体将体验到更高水平的个体幸福感。相比模型 1 的调整后 R^2，模型 8 的调整后 R^2 更高，且 F 值在 1%水平上显著，表明在加入工作—家庭增益之

后，模型对于个体幸福感的解释作用更强。模型的F值的p值小于0.01，表明该模型中包括工作—家庭增益与个体幸福感之间的线性关系在总体上显著。

四、工作—家庭关系对副业投入与个体幸福感的中介效应

1. 工作—家庭冲突对副业投入与个体幸福感的中介效应

检验工作—家庭冲突对副业投入与个体幸福感的中介效应，具体结果见表5-23。从分析结果来看，副业投入与个体幸福感的总效应（B=0.591，p=0.000）、直接效应（B=0.546，p=0.000）以及间接效应（B=0.045，置信区间［0.010，0.087］）均显著。根据中介效应检验和分析程序，说明工作—家庭冲突对副业投入与个体幸福感起到中介作用。因此，H6“工作—家庭冲突在副业投入影响个体幸福感的过程中起着中介作用”得到了支持。

表5-23　工作—家庭冲突对副业投入与个体幸福感的中介效应分析结果

效应	估计值	标准误	t值	p值	LLCI	ULCI
总效应（Total Effect）	0.591	0.035	17.026	0.000	—	—
直接效应（Direct Effect）	0.546	0.038	14.480	0.000	—	—
效应	估计值	Boot S. E.	t值	p值	BootLLCI	BootULCI
间接效应（以工作—家庭冲突为中介）（Indirect Effect）	0.045	0.019	—	—	0.010	0.087

2. 工作—家庭增益对副业投入与个体幸福感的中介效应

检验工作—家庭增益对副业投入与个体幸福感的中介效应，具体结果

如表 5-24 所示。从分析结果来看，副业投入与个体幸福感的总效应（B=0.591，p=0.000）、直接效应（B=0.343，p=0.000）以及间接效应（B=0.248，置信区间［0.192，0.311］）均显著。根据中介效应检验和分析程序，说明工作—家庭增益对副业投入与个体幸福感起到中介作用。因此，H7“工作—家庭增益在副业投入影响个体幸福感的过程中起着中介作用”得到了支持。

表 5-24　工作—家庭增益对副业投入与个体幸福感的中介效应分析结果

效应	估计值	标准误	t 值	p 值	LLCI	ULCI
总效应（Total Effect）	0.591	0.035	17.026	0.000	—	—
直接效应（Direct Effect）	0.343	0.043	8.000	0.000	—	—
效应	估计值	Boot S. E.	t 值	p 值	BootLLCI	BootULCI
间接效应（以工作—家庭增益为中介）（Indirect Effect）	0.248	0.030	—	—	0.192	0.311

3. 工作—家庭关系对副业投入与个体幸福感的双中介效应

检验工作—家庭关系对副业投入与个体幸福感的双中介效应，具体结果如表 5-25 所示。从分析结果来看，副业投入与个体幸福感的总效应（B=0.591，p=0.000）、直接效应（B=0.301，p=0.000）以及以工作—家庭冲突为中介的间接效应（B=0.043，置信区间［0.011，0.083］）和以工作—家庭增益为中介的间接效应（B=0.247，置信区间［0.188，0.312］）均显著。除此之外，对比两个中介变量的中介效应（间接效应 1 和间接效应 2）发现，置信区间［-0.276，-0.132］不包含 0，工作—家庭冲突的中介作用显著小于工作—家庭增益的中介作用（B=-0.204）。根据中介效应检验和分析程序，说明工作—家庭冲突与工作—家庭增益对副业投入与个体幸福感起到双中介作用。

表 5-25　工作—家庭关系对副业投入与个体幸福感的中介效应分析结果

效应	效应值	标准误	LLCI	ULCI	
总效应（Total Effect）	0.591	0.035	0.526	0.660	
直接效应（Direct Effect）	0.301	0.045	0.213	0.389	
效应	估计值	Boot S. E.	BootLLCI	BootULCI	相对中介效应（%）
总间接效应（Indirect Effect）	0.290	0.035	0.228	0.362	49.1
间接效应 1（以工作—家庭冲突为中介）	0.043	0.018	0.011	0.083	7.3
间接效应 2（以工作—家庭增益为中介）	0.247	0.031	0.188	0.312	41.8
间接效应 1 和间接效应 2	−0.204	0.037	−0.276	−0.132	—

五、养家动机的调节效应

检验养家动机对于工作—家庭关系与个体幸福感之间关系的调节效应，运用 SPSS 的 Process 中的 Model 1 来对调节效应进行检验。通过勾选“mean center for product”，Process 可以自动生成对自变量和因变量进行中心化处理之后的乘积项。

1. 养家动机对工作—家庭冲突与个体幸福感的调节效应

检验养家动机对工作—家庭冲突与个体幸福感之间关系的调节效应，具体结果如表 5-26 所示。从分析结果来看，自变量（工作—家庭冲突）呈现出显著性（$t=-8.192$，$p=0.000<0.01$），说明工作—家庭冲突对于个体幸福感会产生显著影响关系。工作—家庭冲突与养家动机的交互项呈现出显著性（$t=2.975$，$p=0.003<0.01$），说明调节变量（养家动机）处于不同水平时，工作—家庭冲突对于个体幸福感影响幅度具有显著性差异。进行简单斜率检验，养家动机水平较高时，$B=-0.222$，$p<0.001$；养家动机水平较低时，$B=-0.440$，$p<0.001$，如图 5-1 所示。因此 H8 获得了支持。

表 5-26　养家动机对工作—家庭冲突与个体幸福感的调节效应分析结果

变量	模型 1					模型 2					模型 3				
	B	标准误	t	p	β	B	标准误	t	p	β	B	标准误	t	p	β
常数	0.000	0.041	0.000	1.000	—	0.000	0.040	0.000	1.000	—	0.004	0.040	0.111	0.911	—
工作—家庭冲突	-0.333	0.041	-8.192	0.000	-0.333	-0.327	0.040	-8.125	0.000	-0.327	-0.331	0.040	-8.274	0.000	-0.331
养家动机	—	—	—	—	—	0.132	0.040	3.271	0.001	0.132	0.132	0.040	3.310	0.001	0.132
工作—家庭冲突 * 养家动机	—	—	—	—	—	—	—	—	—	—	0.109	0.037	2.975	0.003	0.119
R^2	0.111					0.128					0.142				
调整后的 R^2	0.109					0.125					0.137				
F 值	F（1539）= 67.115，p=0.000					F（2538）= 39.510，p=0.000					F（3537）= 29.674，p=0.000				
ΔR^2	0.111					0.017					0.014				
ΔF 值	F（1539）= 67.115，p=0.000					F（1538）= 10.698，p=0.001					F（1537）= 8.850，p=0.003				

注：因变量为个体幸福感。

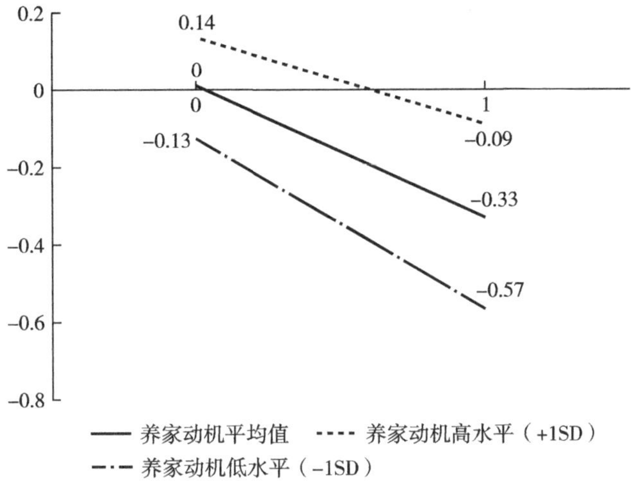

图 5-1 养家动机对工作—家庭冲突与个体幸福感关系的调节作用

2. 养家动机对工作—家庭增益与个体幸福感的调节效应

检验养家动机对工作—家庭增益与个体幸福感之间关系的调节效应，具体结果如表 5-27 所示。从分析结果来看，自变量（工作—家庭增益）呈现出显著性（$t=17.597$，$p=0.000<0.05$），说明工作—家庭增益对于个体幸福感会产生显著影响关系。工作—家庭增益与养家动机的交互项不显著（$t=0.068$，$p=0.946>0.05$），以及从模型 1 中可知，工作—家庭冲突对于个体幸福感产生影响关系，说明调节变量（养家动机）在不同水平时，工作—家庭增益对于个体幸福感的影响幅度保持一致。因此，假设 H9 没有获得支持。

表 5-27　养家动机对工作—家庭增益与个体幸福感的调节效应分析结果

变量	模型 1					模型 2					模型 3				
	B	标准误	t	p	β	B	标准误	t	p	β	B	标准误	t	p	β
常数	0.000	0.034	0.000	1.000	—	0.000	0.034	0.000	1.000	—	-0.001	0.035	-0.015	0.988	—
工作—家庭增益	0.604	0.034	17.597	0.000	0.604	0.606	0.036	17.068	0.000	0.606	0.606	0.036	17.042	0.000	0.606
养家动机	—	—	—	—	—	-0.007	0.036	-0.208	0.836	-0.007	-0.007	0.036	-0.198	0.843	-0.007
工作—家庭增益 * 养家动机	—	—	—	—	—	—	—	—	—	—	0.002	0.030	0.068	0.946	0.002
R^2	0.365					0.365					0.365				
调整后的 R^2	0.364					0.363					0.361				
F 值	F（1539）=309.671，p=0.000					F（2538）=154.582，p=0.000					F（3537）=102.866，p=0.000				
ΔR^2	0.365					0.000					0.000				
ΔF 值	F（1539）=309.671，p=0.000					F（1538）=0.043，p=0.836					F（1537）=0.005，p=0.946				

注：因变量为个体幸福感。

六、有调节的中介效应分析

从整体来看，本书的模型是被调节的中介模型，因此，检验被调节的中介模型是否成立，运用 SPSS 的 Process 中的 Model 14 来完成。

检验养家动机对副业投入和个体幸福感的中介效应的影响，在调节变量养家动机取不同数值时，副业投入通过工作—家庭冲突和工作—家庭增益对个体幸福感产生影响，具体结果如表 5-28 所示。

表 5-28 有调节的中介效应分析结果

中介变量	水平	水平值	Effect	BootSE	BootLLCI	BootULCI
工作—家庭冲突	低水平（-1SD）	-1.000	0.070	0.021	0.035	0.116
	平均值	0.000	0.045	0.018	0.014	0.085
	高水平（+1SD）	1.000	0.020	0.024	-0.020	0.074
工作—家庭增益	低水平（-1SD）	-1.000	0.228	0.034	0.165	0.297
	平均值	0.000	0.251	0.029	0.194	0.311
	高水平（+1SD）	1.000	0.273	0.036	0.204	0.342

注：自变量为副业投入，因变量为个体幸福感，调节变量为养家动机；BootLLCI 指 Bootstrap 抽样 95%区间下限，BootULCI 指 Bootstrap 抽样 95%区间上限。

从表 5-28 中可以看出，中介变量工作—家庭冲突，其在低水平时，95%置信区间并不包括数字 0，意味着在此水平时具有中介作用，且 Effect 值为 0.070；其在平均值水平时，95%置信区间并不包括数字 0，意味着在此水平时具有中介作用，且 Effect 值为 0.045；其在高水平时，95%置信区间包括数字 0，意味着在此水平时没有中介作用。综上分析可知，在不同水平时，中介作用情况不一致，说明具有调节中介作用。

中介变量工作—家庭增益，其在低水平时，95%置信区间并不包括数字0，意味着在此水平时具有中介作用，且 Effect 值为 0.228；其在平均值水平时，95%置信区间并不包括数字 0，意味着在此水平时具有中介作用，且 Effect 值为 0.251；其在高水平时，95%置信区间并不包括数字 0，意味着在此水平时具有中介作用，且 Effect 值为 0.273。综上分析可知，在不同水平时，中介作用情况一致，说明可能没有调节中介作用。

第七节　假设检验结果汇总

本章对第三章提出的全部假设进行了检验，具体结果如表 5-29 所示。

表 5-29　研究假设检验结果汇总

序号	假设内容	检验结果
H1	副业投入对个体幸福感具有正向影响	支持
H2	副业投入对工作—家庭冲突具有负向影响	支持
H3	副业投入对工作—家庭增益具有正向影响	支持
H4	工作—家庭冲突对个体幸福感具有负向影响	支持
H5	工作—家庭增益对个体幸福感具有正向影响	支持
H6	工作—家庭冲突在副业投入影响个体幸福感的过程中起着中介作用	支持
H7	工作—家庭增益在副业投入影响个体幸福感的过程中起着中介作用	支持
H8	养家动机能够调节工作—家庭冲突对个体幸福感的影响，在高水平养家动机下，工作—家庭冲突对个体幸福感的影响会减弱	支持
H9	养家动机能够调节工作—家庭增益对个体幸福感的影响，在高水平养家动机下，工作—家庭增益对个体幸福感的影响会增强	不支持

第六章　讨论与结论

第一节　研究结果讨论

基于工作—家庭资源模型，本书探讨了零工经济背景下副业与个体幸福感之间的关系：副业投入对个体幸福感的影响是提升还是伤害？它们之间的作用机制是怎样的？哪些因素会影响它们之间的关系？这种影响存在怎样的边界条件？为解答这些问题，在结合现有理论与研究的基础上，构建了本书的研究模型，并以 541 个有主业工作、借助数字平台从事副业的个体为样本，对所提出的假设进行了检验。综合理论构建和实证研究，得出以下三个结论：

第一，个体借助数字平台从事副业的行为对个体幸福感的提升显现出较为积极的作用。如何提升幸福感作为理论界和实践界的热点话题，一直受到学者们的重点关注。本书的研究结果表明，个体幸福感与工作投入、工作—家庭关系等密切相关，个体从事副业对个体幸福感存在提升作用，在副业中的投入，能够降低工作—家庭冲突、增加工作—家庭增益以及提升个体幸福感。此时，副业投入表现出较为积极的正向作用。

第二，副业投入通过工作—家庭关系路径能够提升个体幸福感。副业投入不仅对个体幸福感有直接影响，也能通过工作—家庭关系对个体幸福感产生间接影响。具体表现为，副业投入可以通过降低工作—家庭冲突和增加工作—家庭增益对个体幸福感产生正向影响，因此，在关注副业投入对个体幸福感的影响的同时，需要关注工作—家庭关系在其中所起到的“桥梁”作用。

第三，养家动机水平对工作—家庭关系与个体幸福感的关系有调节作用。个体从事副业的动机对工作—家庭关系与个体幸福感之间的关系存在不同的影响作用。具体表现为，高水平的养家动机虽然不能改变工作—家庭冲突与个体幸福感之间关系的方向，但却减弱了它们之间的关系。高水平的养家动机会减弱工作—家庭冲突给个体幸福感带来的负面影响。另外，养家动机对工作—家庭增益与个体幸福感之间的关系并无显著的调节作用。因此，在管理实践中，如果想要降低工作—家庭冲突对个体幸福感的影响，在从事副业时，有较强的养家动机会减小工作—家庭冲突对幸福感体验的负面影响。

一、副业投入对个体幸福感的影响

在有关幸福感的研究中，工作和家庭场域的许多要素被认为与幸福感相关，如工作—家庭资源模型（W-HR 模型）中所涉及的工作需求、个人资源等。本书研究的观点与先前的研究基本一致，认为工作需求和个人资源的变化会对个体幸福感产生影响（Kahn，1990；Rich et al.，2010；Rothbard，2001；Halbesleben et al.，2009；Shimazu & Schaufeli，2008；Matz - Costa et al.，2014；Harter et al.，2002；Halbesleben & Wheeler，2008；Innstrand et al.，2012；Schaufeli et al.，2002）。在已有的研究中，工作通常被视为具有负向影响的压力源，着重探讨工作对幸福感可能产生的伤害，并提出了工作需求—资源模型来解释工作的损耗机制。实际上，工作本身也蕴含了对个体幸福感提升的积极因素。本书从工作—家庭层面切入，对个体从事副业与个体幸福感之间的影响关系做了进一步探讨。

首先，本书的研究结果表明副业投入与个体幸福感之间存在显著的正向关系。虽然个体从事副业会增加个人资源的投入，但基于数字平台的副业具有工作碎片化、工时弹性化和劳动技能化等特征，具体表现为工作时间灵活、进入门槛低等特点，较为适合有一份稳定主业同时想拓展副业的个体。当副业是个体的主动行为时，个体愿意为工作而努力，会表现出更高的活力、奉献和专注，即高水平的工作投入，同时拥有高水平的工作自豪感和工作意义感，并对这种行为感到快乐（Schaufeli et al.，2002）。根据先前的研究结果，工作投入对提升个体幸福感有积极影响（Matz-Costa et al.，2014），工作投入越多的个体，精力越充沛，对所从事的活动有更强的参与感，能够全神贯注地融入工作活动中（Halbesleben & Wheeler，2008），能够正向预测幸福感。从两个变量之间的相关系数来看，也支持了副业投入与个体幸福感之间存在显著的相关关系这一观点，并且与先前的研究结果一致，证实了副业投入可以显著提升个体幸福感。

其次，本书的研究结果表明副业投入与工作—家庭关系之间存在显著的因果关系。从变量之间的相关系数来看，支持了副业投入负向影响工作—家庭冲突和正向影响工作—家庭增益这一观点。根据 W-HR 模型，当副业的要求消耗个人资源时，会增加工作对家庭的冲突；而当副业的资源增加个人资源时，可能会提高家庭领域的收益，形成工作对家庭的增益。已有研究对此并没有一致性的结论，主要分为消极影响和积极影响两种观点。有学者认为，工作投入导致个体的身体和精神疲劳（Rothbard，2001），会进一步加剧工作—家庭冲突（Halbesleben，et al.，2009），表现出消极的一面；但也有部分学者认为，个体在对资源分配时拥有更多自主权时，可以对时间和精力等资源进行合理配置，不仅能更好地完成工作，而且也会在工作过程中产生较为愉快的心情和积极的态度，并将这种积极的情绪带入家庭中，从而能够更好地满足其家庭需要（卞纪兰、钱阳阳，2016）。在一个领域中获得的资源，可以用于另一个领域，是资源的一种增益表现（周路路等，2009）。因此，工作—家庭增益产生背后的基础逻辑可以理解为工作会给个人提供资源，使得个人可以更好地在另一个领域表现（Barnett & Hyde，2001；Friedman & Greenhaus，2000）。本书探讨的副业是基于数字平台的副业，与灵活就业、自由职业、传统兼职不同，本书的研究对象聚焦于特定群体，为拥有一份稳定的主业工作之外，选择从事基于数字平台副业的个体。由于数字平台的副业在时间和任务上都相对自由，个体在对个人资源进行配置时，拥有更高的自主权，在一定程度上可以主动平衡工作与家庭之间的关系，将个人资源投入副业，可能会为家庭资源带来新的收益，包括增加家庭经济收入、实现自我价值、积极的心态等。当个体感知到在某个领域获得的资源能够帮助在另一个领域更好表现时，个体容易产生积极的态度或行为（Carlson et al.，2006）。本书研究结果与先前研究结果的积极影响相一致，基于数字平台的副业有较高的自由度，此时的副业投入对工作—家庭关系体现出较为积极的影响，具体表现为显著降低工作—家庭冲突和显著提高工作—家庭增益。

最后，本书的研究结果表明，工作—家庭关系也会对个体幸福感产生显著的影响。工作—家庭层面的变量有助于对个体幸福感的解释。根据已有的研究结果显示，工作—家庭冲突被认为是压力的一个潜在来源，导致工作沮丧和家庭沮丧、产生抑郁（Frone et al.，1992）、情绪耗竭和压力上升（Karambayya & Reilly，1992），并负向影响幸福感（Geurts & Demerouti，2003），当个体处于高水平的工作—家庭冲突时，会导致个体幸福感的下降。本书研究结果与先前研究所得结果一致，支持了工作—家庭冲突对个体幸福感存在显著的负向影响，表现为高水平的工作—家庭冲突会降低个体幸福感体验。个体在工作领域的收获会对其在家庭领域的表现有很大帮助，可以是情绪、能力或者经验（Werbel & Walter，2002）。家庭的增益分为发展、情感、资本三种类型，副业在一定程度上会增加个体的技能和知识，有利于个体发展，在完成副业的过程中，会产生积极的情绪状态，有利于提升个体的积极情感；而在副业中的优秀表现，会提升个体的自信、成就感和自我实现等心理资本，当个体处于高水平的工作—家庭增益时，会体验到个体幸福感的提升。本书研究结果与先前研究所得结果一致，支持了工作—家庭增益对个体幸福感存在显著的正向影响，表现为高水平的工作—家庭增益会提升个体幸福感体验。

二、工作—家庭关系的中介作用

研究结果表明，工作—家庭关系是副业投入与个体幸福感之间的一个重要中介变量，它解释了副业投入与个体幸福感之间的内在作用机制。

首先，工作—家庭冲突在副业投入与个体幸福感之间的关系中起到中介作用。个体在从事副业时，会对原有的个人资源进行重新配置，基于数字平台的副业表现出高度的自由性和灵活度，个体在配置个人资源时拥有较高的自主权，能够在工作与家庭之间寻求平衡点，降低由于个体资源消耗所引起的工作—家庭冲突。H4 与以往的研究相一致，即高水平的工作—家庭冲突对个体的身心健康、工作和生活满意度均会起到一定的消极作用（李爱梅等，2015）。H6 得到了支持，可能的解释是，基于数字平台的副业所具备的自由、灵活特征，能在一定程度上缓解由于个人资源损耗所引起的工作—家庭冲突，但已存在的工作—家庭冲突依然会降低个体幸福感，因此，工作—家庭冲突在副业投入影响个体幸福感的过程中起到中介作用。从双中介效应检验来看，工作—家庭冲突所起到的中介效应比工作—家庭增益所起到的中介效应要弱，说明在副业投入影响个体幸福感的过程中，工作—家庭冲突的中介效应较弱。

其次，工作—家庭增益在副业投入与个体幸福感之间的关系中起到中介作用。个体在工作领域的收获会带来积极的情绪、能力的提升和经验的累积，帮助其成为更优秀的家庭成员。个体在从事副业时，可能会带来新的资源，如获得更多的社会资源，拓展了主业工作原有的资源，增加了个体的技能和知识，这些新的资源形成工作对家庭的增益，同时个体会表现出自信、满足、成就感等积极的情绪状态。H5 与以往的研究一致，工作—家庭增益产生背后的基础逻辑是工作会给个人提供资源，使得个人可以更好地在另一个领域表现（Barnett & Hyde，2001），当个体感知到在某个领域获得的资源能够帮助在另一个领域更好表现时，个体容易产生积极的态度或行为（Carlson et al.，2006）。H7 得到了支持，可能的解释是，个体通过从事副业，可能会提高家庭领域的经济收益、获得更高的自我满足感等，通过在工作领域的投入，提升了个体在家庭领域的表现和体验，形成工作对家庭的增益，家庭资源的增加，会让个体拥有更高的生活满意度和保持高水平的积极情感，体验到更高水平的个体幸福感。因此，工作—家庭增益在副业投入影响个体幸福感的过程中起到中介作用。从双中介效应检验来看，工作—家庭增益所起到的中介效应比工作—家庭冲突所起到的中介效应要强，说明在副业投入影响个体幸福感的过程中，工作—家庭增益的中介效应较强。

三、养家动机的调节作用

在通过中介变量（工作—家庭关系）来解释自变量（副业投入）与因变量（个体幸福感）之间存在的作用机制的同时，本书还考察了调节变量可能对其中关系起到的作用。

动机是个体行为的重要动力源泉，影响个体行为的形式、方向、强度和持续时间。养家动机是一种特殊的亲社会动机，是指通过自己的努力来维持家庭生活的一种行为（Grant，2008），个体更多地关注工作场所以外的受益群体，受自身特点以及家庭义务的影响（Menges et al.，2017）。幸福都是奋斗出来的，人们普遍会通过自身努力试图为家庭带来财富和荣誉。努力工作的目的是维持家庭幸福，提高家庭的生活质量，也是提升家庭整体收益的手段。个体从事副业，为家庭创造更多的资源是主要目的之一，而努力工作照顾家人，也是实现自我价值的重要体现。

本书研究结果显示，养家动机对于工作—家庭冲突与个体幸福感之间的关系具有调节效应。H8 得到了支持，表示养家动机能够调节工作—家庭冲突对个体幸福感的影响，在高水平养家动机下，工作—家庭冲突对个体幸福感的影响会减弱。根据 H4，工作—家庭冲突负向影响个体幸福感，具体而言，工作—家庭冲突会降低个体幸福感体验，高水平的工作—家庭冲突会导致工作沮丧和家庭沮丧、产生抑郁（Frone et al.，1992），这些消极情绪会对个体幸福感产生明显的负向影响。从事副业，个体会将原来用于家庭的时间、精力等个人资源分配给副业，导致其无法更好地承担家庭角色责任，会引起其他家庭成员的抱怨和不满，降低个体的幸福感。而当从事副业的主要动机是为了增加收益、提高家庭生活质量时，个人资源的调整是个体为了家庭幸福努力奋斗所进行的资源重新配置，此时，由于个人资源配置所导致的工作与家庭失衡，在一定程度上更容易得到其他家庭成员的理解和宽容，会降低由于工作—家庭冲突产生的沮丧、抑郁等消极情绪，减小工作—家庭冲突对个体幸福感的负向影响。

本书原本假设在高水平养家动机下，工作—家庭增益对个体幸福感的影响会增强。但研究结果却显示，养家动机对于工作—家庭增益与个体幸福感之间的关系没有调节效应，也就是说，个体从事副业的动机水平高低并不会影响工作—家庭增益与个体幸福感之间的关系强弱度，工作—家庭增益所引起的幸福感体验水平保持不变。为什么会有这样的结果？本书认为，可能的解释是，养家动机是一个不同于内在动机和外在动机的概念，是一种特殊的亲社会动机，其主观愿望和诱因激发是想通过自己的努力来维持或提升家庭生活质量。作为家庭的一员，为家庭奋斗是家庭成员的责任，借助数字平台从事自由度较高的副业是个体为家庭奋斗的一种行为和表现。当个体将有限的个人资源投入副业，在工作领域是否能产生足够的资源用于补充家庭领域，可能会成为工作对家庭是冲突还是增益的判断标准。当投入工作领域的资源远远低于通过副业获取的家庭领域资源时，表现为工作领域对家庭领域的增益，此时，由于拥有了更多的资源，因此个体对资源的获取和流失就会变得不太敏感，个体幸福感体验不会有明显的变动，这也可能导致个体从事副业的养家动机水平的变化并不能显著改变工作—家庭增益与个体幸福感之间的关系。

四、其他因素对幸福感的影响

幸福感的内涵也许要比我们测量的更为宽泛，它代表着人类对社会更为复杂的认识，影响个体幸福感的因素和路径也更为复杂。本书重点关注了零工经济背景下副业投入的人文福祉类结果变量，具体探讨了副业投入对个体幸福感（包括生活满意度和积极情感）、工作—家庭冲突以及工作—家庭增益的影响。这是一次新的有益的尝试，将副业的研究带入了幸福感领域以及工作家庭领域两个不同的研究领域。然而，本书的研究是远远不够的。副业对于幸福感的影响还有着更为丰富的过程和路径，因此，在本书研究的基础上，对副业影响个体幸福感模型进行了拓展，各影响因素间的具体联系如图6-1所示。

个体从事副业，对个人幸福感既有积极的影响，也有消极的影响。从积极影响来看，可能包括通过副业实现家庭增益，副业可以提供额外的收入来源，从而带来财务安全和稳定，有助于减轻压力，提高整体生活满意度；实现自我价值，如果副业是个人热衷或喜欢的事情，它可以提供一种超越主业工作的成就感和目标感；副业还可以提供积累知识、发展新技能和能力的机

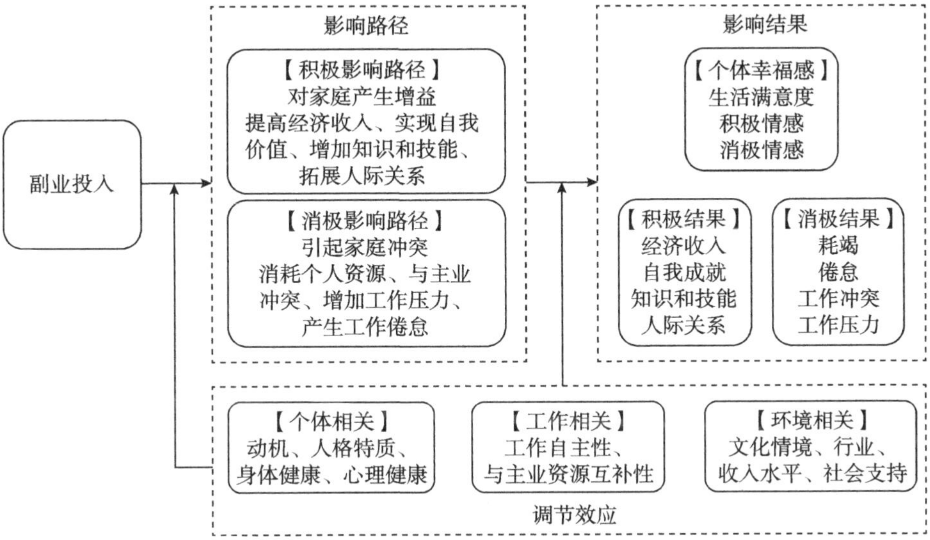

图 6-1　副业投入影响个体幸福感的整合模型

会，从而促进个人成长和发展，可以提高自尊和幸福感；拓展人际关系，副业可以提供结识新朋友的机会，并扩大自己的专业网络，从而带来新的机会和联系。但个体从事副业对个体幸福感也存在负面影响，如加速消耗个人资源，副业可能需要大量的时间和精力，这会导致缺乏平衡和空闲时间，减少与朋友和家人相处的时间，同时导致倦怠感和幸福感降低；与个体的主业工作产生冲突，如果副业干扰了个人的主要工作，就会产生冲突和压力，可能会对工作绩效和整体幸福感产生负面影响；副业会增加额外的压力，特别是当个人承担大量工作或在高压环境中工作时，会增加工作压力，产生职业倦怠。

还有许多因素在副业影响个体幸福感的过程中起到调节作用，包括：与个体相关的因素，如从事副业的动机、个体的人格特质以及身体健康和心理健康等；与工作相关的因素，如副业的自主性和是否与主业的资源形成互补；与环境相关的因素，如文化情境、副业所属行业特征、通过副业增加收入的水平以及从事副业是否能得到主管、家人的支持。

总的来说，副业对个人幸福感的影响可能因个人及其具体情况而异。因此，希望有更多的相关研究，一方面，零工经济研究领域的学者可以更深入、聚焦地关注副业对个体的职业发展、工作—家庭议题的影响，也可以关注更多其他的人文福祉类结果变量；另一方面，幸福感、工作—家庭领域的学者也可以将研究视角拓展至副业上面，探究个体在幸福感和工作—家庭领域更为丰富的前因变量。

第二节 理论意义

基于工作—家庭资源模型，本书检验了个体从事副业与个体幸福感之间的关系，探索了副业影响个体幸福感的两条中介路径，包括降低工作—家庭冲突和提高工作—家庭增益，并研究了影响这两条中介路径的边界条件，即养家动机。基于上述研究，本书构建了零工经济背景下个体幸福感提升模型。这一整合性的研究为副业影响个体幸福感的相关研究做出了如下贡献：

一、回应了副业投入与幸福感关系的悖论

本书通过一个整合模型研究发现，副业投入可以提升个体幸福感，回应了工作投入不利于提升幸福感的悖论。工作投入作为影响个体幸福感的重要因素之一，对个人的家庭幸福和身心健康具有重要意义（Innstrand et al.，2012），但在已有的研究结果中，并没有对两者之间的关系形成一致性结论，主要分为积极影响观点和消极影响观点。其中，积极影响观点认为，工作投入越多的员工，精力越充沛，对所从事的活动的参与感越强，认为自己是工

作任务的重要组成部分，能够全神贯注地融入工作活动中（Harter et al.，2002；Halbesleben & Wheeler，2008），工作投入对提升个体幸福感有积极影响（Matz-Costa et al.，2014），能够正向预测幸福感；而消极影响观点认为，工作投入导致个体的身体和精神疲劳（Rothbard，2001），产生工作—家庭冲突，给个体幸福感体验带来消极的影响（Halbesleben et al.，2009）。

研究结果发现，副业投入与个体幸福感显著正相关，表明副业投入对个体幸福感具有积极影响，丰富了工作投入影响个体幸福感的相关研究，也为越来越多的个体借助数字平台从事自由度高的副业这一现象提供了解释依据。零工经济背景下的工作模式与传统工作模式有较大变化，在工作特征上表现出工作碎片化、工时弹性化和劳动技能化等特征（杨伟国等，2018）。与传统的工作模式相比较，零工经济带给人们一次性临时工作机会（Wordsworth，2016），个体可以使用数字平台获得一次性工作，自由安排工作时间和选择工作种类（Thomas，2018）。因此，个体在数字平台上从事副业，在选择工作任务时有较高的自主权，自主权对幸福感有显著促进作用（苏涛等，2018），个体在副业投入上也可以更灵活和更自由。此时，工作投入这一概念自身即个体的一种积极的正性体验（Schaufeli et al.，2002），面对工作时产生包含积极的情绪体验（胡少楠、王詠，2014），表现出工作投入积极的一面。根据积极影响观点，高水平工作投入的个体，在工作中展现出饱满的热情，从工作中获得自豪感及意义感，并会将这种积极的情绪带入家庭领域，有助于提升个体的生活满意度和积极情感，从而个体会有较高的幸福感体验。本书研究有助于进一步了解个体如何通过副业提升个体幸福感体验，扩展了工作影响幸福感的相关研究。

二、探索了副业影响个体幸福感的路径模型

本书构建了个体从事副业对其个体幸福感影响的路径模型，以工作—家

庭资源模型为基础，将副业投入、工作—家庭冲突、工作—家庭增益、个体幸福感和养家动机五个概念引入模型中，探索了个体从事副业过程中副业投入对个体幸福感影响的两条路径。总体来说，个体在从事副业中，投入个人资源以满足工作领域的需求，从而在家庭领域获得成果或资源，通过降低工作—家庭冲突和提高工作—家庭增益来提升个体幸福感。

本书探索出的第一条路径是副业投入通过工作—家庭冲突影响个体幸福感，高水平的工作—家庭冲突会导致情绪耗竭和压力上升（Karambayya & Reilly，1992），降低个体幸福感。在本书研究中，基于数字平台的副业具有高度的自由性和灵活度，表现为工作碎片化、工时弹性化和劳动技能化等特征（杨伟国等，2018），个体可以在配置个人资源时有较高的自主权，充分考虑和寻求工作与家庭之间的平衡点，降低由于个体资源消耗所引起的工作—家庭冲突，从而保持或提升个体幸福感。

本书探索出的第二条路径是副业投入通过工作—家庭增益影响个体幸福感，根据 W-HR 模型，在工作领域，当工作资源增加个人资源时，可能会提高家庭领域的收益，形成工作对家庭的增益（周路路等，2009）。个体从事副业积累的知识和经验，以及增加或提升的技能，非常有利于个体发展。高水平的工作投入意味着愿意为工作而努力，会拥有高水平的工作自豪感和工作意义感，并对这种行为感到快乐（Schaufeli et al.，2002），所产生的积极情绪，有利于提升个体的积极情感。而在副业中的优秀表现，也会提升个体的自信和成就感。综合而言，从事副业，可以带来发展、情感和资本三种类型的家庭增益（Carlson et al.，2006），当个体处于高水平的工作—家庭增益时，会体验到个体幸福感的提升。

本书构建的路径模型回答了"为什么从事副业能够提升幸福感"，"从事副业对家庭和个人有什么样的影响"，以及"副业是如何对个体幸福感产生影响的"。同时，该模型的构建在理论上细化和拓展了 Ten Brummelhuis 和 Bakker（2012）的 W-HR 模型，验证了个体从事副业与个体幸福感之间的关系及详细的作用路径，在一定程度上将相关研究向前推进了一步。

三、揭示了养家动机在工作—家庭冲突与个体幸福感关系中的边界作用

养家动机作为一种特殊的亲社会动机，不受工作环境和工作特征的直接影响，而是受自身特点以及家庭义务的影响（Menges et al.，2017）。当个体养家动机较强时，将通过充能和正面体验，情绪积极且精力充沛，有高水平的工作投入状态（苏凤然等，2020）；家人受益于其努力工作所带来的资源，所表达的感激之情，能够帮助个体缓和负面情绪（Greenhaus & Powell，2006）。本书研究发现，养家动机可以在工作—家庭冲突和个体幸福感之间的负向关系中起到显著的调节作用。具体而言，当个体从事副业的动机为养家动机时，高水平的养家动机，将会减弱工作—家庭冲突与个体幸福感之间的负向关系。本书研究有助于进一步了解个体如何通过运用从事副业的动机差异调节工作—家庭冲突对个体幸福感的影响，可以帮助学者加深对工作—家庭资源模型的理解，扩展了养家动机作为调节变量的相关研究。

除此之外，本书研究补充分析还发现，副业收入占比也对某个路径可能会产生调节效应。虽然在本书的研究模型中没有直接涉及副业收入这个变量，只是作为控制变量检验分析了它对个体幸福感的影响，结果显示，不同副业收入占比的个体在幸福感体验方面存在显著的差异，收入较高的个体会体验到更高的幸福感。这个观点与先前的部分研究结果相一致，收入对于幸福感的影响目前还没有统一的结论，两者之间的关系会受到环境因素的影响，如对不同收入的群体进行研究，发现低收入群体中，收入与幸福感的关系更强（Dolan et al.，2008）。还有研究发现，在大部分发达国家中，收入与幸福感之间的关系是非常小的（Frey & Stutzer，2000；Caporale et al.，2009），甚至两者之间的关系不再显著（Diener & Biswas-Diener，2002），而

在发展中国家，如中国，收入与幸福感之间存在着一定程度的正相关（Brockmann et al.，2009）。本书研究是在中国情境下开展的，研究结论与先前的研究结果一致，个体在从事副业时，所获得的收入越高，体验到的个体幸福感水平会越高。

此外，本书还在原有研究的基础上，对副业收入占比这个变量进行了调节效应的检验和分析。研究结果显示，副业收入工作占比对副业投入与工作—家庭冲突之间的关系有调节效应，具体表现为当副业收入占比较高时，副业投入对工作—家庭冲突的影响会增强，当副业收入占比较低时，副业投入对工作—家庭冲突的影响会减弱。这一现象可以解释为，当投入副业的个人资源水平保持一致时，通过副业获得的收入越高，表示家庭领域获取的资源越丰富，当家庭资源增加时，工作—家庭冲突就有可能会降低，即在副业收入占比高的情况下，副业投入对工作—家庭冲突的负向影响会增强，进一步降低由于个人资源的消耗而产生的工作—家庭冲突。

第三节　实践意义

一、个体可以通过在数字平台从事副业提升幸福感

首先，个体可以通过副业实现收入增长和生活改善。从事副业最直观的好处就是多一个收入渠道，即意味着在原有基础上收入的增加。通过扩大副业收入，可以适度改善生活，提高生活质量。同时，可以防范主业风险，减少工作不稳定带来的危机感，可以部分抵消工作不稳定对收入的影响。如果个体主动或被迫离职，以及由于行业不景气导致收入下降时，拥有一定收入

的副业可以起到缓冲作用，缓解由这些问题引发的焦虑情绪，为保持现有的生活水平提供支撑。从事副业的个体努力为家庭奋斗，获取更多的经济收益，提高家庭生活水平，把积极向上的情绪带入家庭领域，获得家庭其他成员的理解和包容，缓解工作和家庭之间的矛盾。因此，个体从事副业可以持续增加收入，并拥有一个工作缓冲空间，为自己的生活提供更多的保障，也会给个体带来一些其他的好处，如更自信、更好的工作心态等，有利于提升个体的幸福感，更好构建和谐幸福家庭。

其次，从事副业可以开阔视野和提升格局。个体从事副业，可以拓宽生活圈，拓宽视野和积累知识，有利于提高认知，提高对生活的感受。例如，个体因为一些原因，迫不得已去做一份工作，对这份工作不太喜欢，或者没有多大兴趣，但又不得不做时，完全可以在副业中去做自己感兴趣的事。从事从兴趣爱好出发的副业，能充实个体，避免工作带来的无聊感，在生活中感受到更多的愉快情绪。从事副业还是一种学习拓展的渠道，如果在主业工作中已经没有提升的空间，可以考虑通过副业进行提升，通过社交网络、线下分享等各种渠道，去优化资源、提升格局。有了更开阔的视野和更高的格局后，就不会纠结于工作或家庭中的小矛盾，有利于营造良好的工作氛围和构建和谐的家庭关系。理想的副业不仅不会影响主业，还会促进主业，两者相辅相成，可以更好地促进个体的发展。因此，个体从事副业可以持续开阔视野和提升格局，找到自我价值，有利于提升个体幸福感。

最后，数字平台副业的工作特征让个体有更多的时间自主权。个体从事副业会消耗个体的时间和精力等个人资源，当投入工作中的个人资源过多时，会造成工作与家庭之间的冲突加剧，而高水平的工作—家庭冲突会严重影响个体的幸福感体验。此时，平衡好工作和家庭之间的关系显得尤为重要。大部分个体的主业工作是传统的工作模式，即分为工作日和休息日，工作日有固定的上下班时间，因此，投入副业上的时间和精力的可控性对于工作—家庭冲突有会较大影响。可持续的副业通常可以控制时间和精力的消耗，随着零工经济的快速发展，越来越多的数字平台为个体提供了更加自由的工作空间，新的工作形态已经被越来越多的人接受。基于数字平台的工作极具灵活性，如微商、平台主播、自媒体运营等，个体不仅可以自由决定时间的安排，还可以自由决定工作的时间，甚至可以选择工作内容。从个人资源分配的角度来看，在数字平台从事副业，对个人资源的分配拥有更多的自主权。例如，从事人力资源工作的人事主管，具有职业规划资格，可以成为职场领域的自媒体运营商。此时，副业是主业工作的延伸，投入的时间和精力可控，不影响主业工作，甚至会获得更多的知识、信息、想法和方法，有助于进一步提高个体的工作能力，以帮助更好地完成主业工作。因此，基于数字平台的副业让个体对工作有更多的自主权，个体可以利用个人资源通过副业提升个体的幸福感体验。

二、以更积极的态度看待副业

首先，对副业要有正确的定位。理性告诉我们，从事副业大概率不能让我们实现“财务自由”，但不可否认，一份成功的副业能带来额外收入。因此，选择从事副业的人在逐渐增多，提高收入是其中的一个原因，对确定性的向往和对不确定性的焦虑也会影响职业决策。“不要把鸡蛋放在同一个篮子里”，主业工作是职业确定性的基础，大部分收入都是通过主业工作获得的，但主业工作提供的确定性并不能让人完全放心，选择一份可以获得收入的副业，从某种意义上能够对抗职场的不确定性，此时的副业就是规避风险的另一个“篮子”。如果副业能够提供足够的收入，甚至超过主业工作的收入，自然是极好的，但我们也要正确认识副业的定位，个体从事副业不只是为了提高收入，更是给平淡的生活增添色彩，以及消除职场不确定性带来的焦虑。例如，基于自己的主业长项技能进行延伸，可能是一个不错的方向，或是遵从内心，通过从事与主业工作性质完全不同的副业，重新寻找工作的意义。因此，个体可以通过从事副业，增加收入、拓宽视野、更加自信和从容，同时能为主业工作和家庭带来帮助和增益。

其次，个体可以通过副业寻求自我价值。在主业的工作岗位，需要为组织创造价值，但并不一定能够让个体找到自我价值。现代工作制度设置不同的岗位，是因为要通过组织资源创造价值，但这个价值与个体的自我价值并不能完全画上等号。例如，每天面对枯燥数字的会计师，内心可能向往诗和远方，他（她）可以在小红书、微博、抖音等社交平台上分享自己的旅行经历，并提供旅游咨询服务、直播带货、原产地代购等业务；在单位朝九晚五的员工，内心希望打破一成不变的生活，他（她）可以在工作之余，成为兼职的滴滴司机，每天面对不同的乘客，都会有不同的收获，并且时间自由，还能增加收入。因此，个体可以通过选择副业类型，实现自我价值的探索，寻找一个增强自我价值和爱好变现的机会。

第四节　研究局限与展望

本书基于工作—家庭资源模型，对副业投入与个体幸福感的直接效应、工作—家庭关系的中介效应和养家动机的调节效应进行了实证研究，虽然得到了一些有价值的结论，但由于诸多原因，本书研究依然存在着一定的局限性，主要表现在以下三个方面：

第一，对副业影响个体幸福感的其他重要变量缺乏更为丰富的考虑，如副业与主业工作的相关性、不同情境下的变化等。本书仅考虑了部分具有代表性和典型性的变量，可能导致将复杂的管理问题简单化。

第二，在量表的选取上存在局限，虽然本书使用的变量测量量表均来自高水平期刊，属于成熟量表，并且进行了双向翻译以确保题项意思表达的准确性，量表的信效度检验结果均符合测量标准，但大部分来源于国外研究，特别是个体幸福感、副业投入等构念，存在较为主观的判断，目前尚未有本土化成熟量表，可能对本土样本缺乏一定的适用性。

第三，由于样本选择所带来的局限。本书的调研对象聚焦于依托数字平台从事副业的群体，由于时间、地域和取样方式等方面的局限性，研究样本基本上都是通过个人的各种社会关系收集来的，样本难免存在不够随机的问题。另外，样本的规模和所跨越的行业在一定程度上可能会影响研究结果的准确性和适用范围。同时，问卷主要采用个人自评的方式来进行信息收集，因而，不可避免地出现主观判断差异，在一定程度上会影响研究结果。

本书研究存在的以上局限，可以为后续研究者提供拓展的空间。研究者可以从以下几点入手，对个体从事副业与个体幸福感之间的关系进行更深入的研究：

第一，继续深化理论研究。在未来的研究中，应进一步探究以下问题：零工经济到底给人力资源管理带来了哪些影响？在更加灵活和自主的新型用工模式下，现有的工作—家庭关系理论，尤其是工作—家庭资源模型是否仍然适用？现有的理论模型需要如何进行进一步完善？本书仅聚焦于几个关键变量，未来可能涌现出更多的理论可以更好地解释现实中的现象，理论研究还有很大的发展空间。

第二，运用本土化的测量工具对研究假设进行检验。如前所述，现有研究领域尚未有专门针对副业投入变量的测量量表，而是在工作投入量表基础上进行修改而成，尽管修改之后的量表在信度和效度上均达到了可接受水平，但是，工作投入等量表开发的初衷是基于个体的主业工作视角，而不是副业工作视角，所以，未来的研究可专门基于副业的视角进行编制量表。在未来的研究中，学者们可以尝试针对这些研究构念开发本土化的量表，并进行更为深入的研究。

第三，进一步完善、扩大样本选择范围。在研究设计上进一步优化，扩大研究对象范围和采用多时点调查方法收集数据。主要是在调查地区及样本数量方面扩展，尽量使调查涵盖更广的区域，覆盖更多的行业，以及对不同主业类型的个体进行有针对性的实证调查，在更广泛的样本中验证本书提出的假设，以避免数据同源误差问题。

参考文献

［1］埃尔文·E. 罗斯．（2015）．共享经济——市场设计及其应用．傅帅雄译．北京：机械工业出版社．

［2］卞纪兰，钱阳阳．（2016）．工作投入在工作—家庭双向增益中的中介作用研究．财经问题研究，（6）：123-130.

［3］常飞，王詠．（2017）．企业员工美德和工作投入与主观幸福感的关系．中国心理卫生杂志，（11）：890-895.

［4］陈春晓，张剑，张莹，等．（2020）．员工工作动机和工作投入与心理幸福感的关系．中国心理卫生杂志，（1）：51-55.

［5］陈龙．（2020）．游戏、权力分配与技术：平台企业管理策略研究——以某外卖平台的骑手管理为例．中国人力资源开发，（4）：113-124.

［6］崔春华，李春晖，王欣，等．（2005）．Ryff 心理幸福感量表在河北师范大学生中的试用．中国心理卫生杂志，（2）：128-130.

［7］丁凤琴，赵虎英．（2018）．感恩的个体主观幸福感更强？——一项元分析．心理科学进展，（10）：1749-1764.

［8］段建华．（1996）．总体幸福感量表在我国大学生中的试用结果与分析．中国临床心理学杂志，（1）：56-57.

［9］扶缚龙，胡宁．（2021）．从“二元关系”到“生态系统”：零工经济人力资源管理重新认识．学术交流，（11）：108-118.

［10］高文珺．（2021）．新就业形态下外卖骑手社会流动特点和影响因素．山东社会科学，（5）：100–108.

［11］高中华，赵晨．（2014）．工作场所的组织政治会危害员工绩效吗？基于个人—组织契合理论的视角．心理学报，（8）：1124–1143.

［12］高中华，赵晨．（2014）．工作家庭两不误为何这么难？基于工作家庭边界理论的探讨．心理学报，46（4）：552–568.

［13］胡少楠，王詠．（2014）．工作投入的概念、测量、前因与后效．心理科学进展，22（12）：1975–1984.

［14］姜海，马红宇，杨林川，等．（2016）．组织亲家庭支持对生活满意感的影响机制：基于工作—家庭资源的视角．心理与行为研究，14（2）：270–276.

［15］康勇军，彭坚．（2019）．累并快乐着：服务型领导的收益与代价——基于工作—家庭资源模型视角．心理学报，51（2）：227–237.

［16］赖德胜，关棋月．（2023）．零工经济劳动力市场内部劳动关系差异性分析．北京社会科学，（1），66–75.

［17］李爱梅，彭元，李斌，等．（2014）．金钱概念启动对亲社会行为的影响及其决策机制．心理科学进展，（5）：845–856.

［18］李爱梅，王笑天，熊冠星，等．（2015）．工作影响员工幸福体验的“双路径模型”探讨——基于工作要求—资源模型的视角．心理学报，（5）：624–636.

［19］李锐，凌文轮．（2007）．工作投入研究的现状．心理科学进展，15（2）：366–372.

［20］李胜蓝，江立华．（2020）．新型劳动时间控制与虚假自由——外卖骑手的劳动过程研究．社会学研究，（6）：91–112，243–244.

［21］李伟，梅继霞．（2013）．内在动机与员工绩效：基于工作投入的中介效应．管理评论，25（8）：160–167.

［22］李雪松．（2012）．工作—家庭冲突对知识型员工工作满意度的影响——基于心理所有权的效应分析．现代管理科学，（8）：99-101.

［23］李永鑫，赵娜．（2009）．工作—家庭支持的结构与测量及其调节作用．心理学报，41（9）：863-874.

［24］刘善仕，裴嘉良，葛淳棉，等．（2022）．在线劳动平台算法管理：理论探索与研究展望．管理世界，38（2）：225-239.

［25］刘善仕，裴嘉良，钟楚燕．（2021）．平台工作自主吗？在线劳动平台算法管理对工作自主性的影响．外国经济与管理，43（2）：51-67.

［26］刘永强，赵曙明．（2006）．工作—家庭冲突的影响因素及其组织行为后果的实证研究．南京社会科学，（5）：1-9.

［27］刘永强，赵曙明，王永贵．（2008）．工作—家庭平衡的企业制度安排．中国工业经济，（2）：85-94.

［28］龙立荣，梁佳佳，董婧霓．（2021）．平台零工工作者的人力资源管理：挑战与对策．中国人力资源开发，38（10）：6-19.

［29］陆佳芳，时勘，John J. Lawler.（2002）．工作家庭冲突的初步研究．应用心理学，8（2）：45-50.

［30］马灿，周文斌，赵素芳．（2020）．家庭支持对员工创新的影响——工作投入的中介和生涯规划清晰的调节作用．软科学，（1）：103-109.

［31］马丽，马可逸．（2021）．知识型员工二元工作激情与工作幸福感关系——基于工作—家庭冲突的视角．华东经济管理，35（1）：119-128.

［32］苗元江．（2011）．跨越与发展——主观幸福感的过去、现在与未来．华南师范大学学报（社会科学版），（5）：122-128.

［33］苗元江，朱晓红，陈浩彬．（2009）．从理论到测量——幸福感心理结构研究发展．徐州师范大学学报（哲学社会科学版），35（2）：128-133.

［34］任华亮，郑莹，张庆垒．（2019）．工作幸福感对员工创新绩效的

影响——工作价值观和工作自主性的双重调节．财经论丛，（3）：94-103.

［35］苏凤然，林琳，李文，等．（2020）．为家奋斗：工作塑造视角下家庭动机对工作投入的影响．中国人力资源开发，37（11）：22-36.

［36］苏涛，陈春花，宋一晓，等．（2018）．基于 Meta 检验和评估的员工幸福感前因与结果研究．管理学报，（4）：512-522.

［37］孙甫丽，蒋春燕，蒋昀洁．（2019）．工作—家庭冲突与员工工作激情——基于夫妻匹配视角的研究．软科学，33（10）：58-63.

［38］唐汉瑛，马红宇，王斌．（2009）．工作家庭增益问卷的编制及信效度检验．中国临床心理学杂志，17（4）：430-433.

［39］唐开康，刘婧．（2021）．零工经济文献综述及未来发展趋势．中国人事科学，（1），43-53.

［40］唐晓琦．（2022）．工作情景、时间体验与不同劳动体制下的自由感知——关于青年群体“奔赴零工”现象的反思．中国青年研究，（4）：94-102.

［41］王行坤．（2022）．灵活化还是不稳定化？——以零工经济为中心的考察．上海文化，（2），31-38，74.

［42］王彦峰，秦金亮．（2009）．工作倦怠和工作投入的整合．心理科学进展，17（4）：802-810.

［43］魏丹霞，赵宜萱，赵曙明．（2021）．人力资本视角下的中国企业人力资源管理的未来发展趋势．管理学报，18（2）：171-179.

［44］吴静，张天怡，周嘉南．（2021）．基于扎根理论的零工参与动机演化机制研究——以平台司机为例．中国人力资源开发，38（9）：110-123.

［45］吴明霞．（2000）．30 年来西方关于主观幸福感的理论发展．心理学动态，8（4）：23-28.

［46］吴清军，李贞．（2018）．分享经济下的劳动控制与工作自主性——关于网约车司机工作的混合研究．社会学研究，（4）：137-162，

244，245.

［47］吴士健，刘国欣，聂国栋．（2020）．企业社交媒体常载与过载使用对员工工作绩效的影响．软科学，（7）：108-113.

［48］谢义忠，时勘．（2007）．工作属性、社会支持对电信员工工作家庭冲突的影响．中国心理卫生杂志，21（11）：773-776.

［49］邢占军．（2003）．中国城市居民主观幸福感量表的编制研究．博士学位论文，上海：华东师范大学．

［50］邢占军，黄立清．（2004a）．Ryff 心理幸福感量表在我国城市居民中的试用研究．健康心理学杂志，12（3）：231-233.

［51］邢占军，黄立清．（2004b）．西方哲学史上的两种主要幸福观与当代主观幸福感研究．理论探讨，（1）：32-35.

［52］宣燚斐，谢宝国，马娜娜．（2018）．职业成长机会对员工工作投入的影响：基于自我决定理论的视角．中国人力资源开发，（2）：141-152.

［53］亚历克斯·斯特凡尼．（2016）．共享经济商业模式：重新定义商业的未来．郝娟娟，杨源，张敏译．北京：中国人民大学出版社．

［54］闫淑敏，金玥莲，陈颖．（2013）．女性知识型员工角色资源与工作—家庭增益的关系研究．预测，32（6）：51-55.

［55］杨滨伊，孟泉．（2020）．多样选择与灵活的两面性：零工经济研究中的争论与悖论．中国人力资源开发，（3）：102-114.

［56］杨伟国，张成刚，辛茜莉．（2018）．数字经济范式与工作关系变革．中国劳动关系学院学报，32（5）：56-60.

［57］伊玉哲．（2014）．越努力越幸福：工作投入对工作家庭增益的作用．硕士学位论文，武汉：华中师范大学．

［58］于悦，周明洁，郭晌澄，等．（2016）．国企员工工作—家庭平衡对工作投入及满意度的影响：人格的调节作用．中国临床心理学杂志，（3）：504-508，513.

［59］张春虎．（2019）．基于自我决定理论的工作动机研究脉络及未来走向．心理科学进展，27（8）：1489-1506.

［60］张恒，郭梦恬．（2022）．零工经济促进共同富裕的机制与路径研究．农村金融研究，（12），11-19.

［61］张进，马月婷．（2007）．主观幸福感概念，测量及其与工作效能变量的关系．中国软科学，（5）：60-68.

［62］张巍，朱泽，陈萌萌，等．（2014）．工作场所中的主观幸福感干预研究．心理与行为研究，12（6）：831-839.

［63］张轶文，甘怡群．（2005）．中文版 Utrecht 工作投入量表（UWES）的信效度检验．中国临床心理学杂志，13（3）：268-270.

［64］赵宜萱．（2015）．员工幸福感溯源与愿景：跨国公司分析框架．改革，（3）：110-118.

［65］郑祁，杨伟国．（2019a）．零工经济的研究视角——基于西方经典文献的述评．中国人力资源开发，（1）：129-137.

［66］郑祁，杨伟国．（2019b）．零工经济前沿研究述评．中国人力资源开发，（5）：106-115.

［67］郑晓明，刘鑫．（2016）．互动公平对员工幸福感的影响：心理授权的中介作用与权力距离的调节作用．心理学报，48（6）：693-709.

［68］周浩，龙立荣．（2004）．共同方法偏差的统计检验与控制方法．心理科学进展，12（6）：942-950.

［69］周路路，赵曙明，战冬梅．（2009）．工作—家庭增益研究综述．外国经济与管理，（7）：51-58.

［70］Abraham K G，Haltiwanger J C，Sandusky K，et al.（2018）. Measuring the gig economy：Current knowledge and open issues. National Bureau of Economic Research. NBER chapter，in：*Measuring and Accaunting for Innovation in the Twonty-Finst Century*，（No. w24950）.

[71] Akram H, Malik N L, Nadeem M, et al. (2014). Work-family enrichment as predictors of work outcomes among teachers. *Pakistan Journal of Commerce and Social Sciences*, 8 (3): 733-743.

[72] Alarcon G M, Edwards J M. (2011). The relationship of engagement, job satisfaction and turnover intentions. *Stress and Health*, 27 (3): e294-e298.

[73] Allen T D, Herst D E, Bruck C S, et al. (2000). Consequences associated with work-to-family conflict: A review and agenda for future research. *Journal of Occupational Health Psychology*, 5 (2): 278-308.

[74] Amstad F T, Meier L L, Fasel U, et al. (2011). A meta-analysis of work-family conflict and various outcomes with a special emphasis on cross-domain versus matching-domain relations. *Journal of Occupational Health Psychology*, 16 (2): 151-169.

[75] Arefin M S, Alam M S, Islam N, et al. (2020). Organizational politics and work-family conflict: The hospitalityindustry in Bangladesh. *South Asian Journal of Business Studies*, 9 (3): 357-372.

[76] Argyle M. (2001). Social relations and work and unemployment. *The Psychology of Happiness*, 14-31.

[77] Aryee S, Luk V, Fields D. (1999). A cross-cultural test of a model of the work-family interface. *Journal of Management*, 25 (4), 491-511.

[78] Aryee S, Srinivas E S, Tan H H. (2005). Rhythms of life: Antecedents and outcomes of work-family balance in employed parents. *Journal of Applied Psychology*, 90 (1): 132-146.

[79] Ashford S J, Caza B B, Reid E M. (2018). From surviving to thriving in the gig economy: A research agenda for individuals in the new world of work. *Research in Organizational Behavior*, (38): 23-41.

[80] Atmore E C. (2017) . Killing the goose that laid the golden egg: Outdated employment laws are destroying the gig economy. *Minnesota Law Review*, 102 (2): 887-922.

[81] Aw S S, Ilies R, Li X, et al. (2021) . Work-related helping and family functioning: A work-home resources perspective. *Journal of Occupational and Organizational Psychology*, 94 (1): 55-79.

[82] Bai Q, Lin W, Wang L. (2016) . Family incivility and counterproductive work behavior: A moderated mediation model of self-esteem and emotional regulation. *Journal of Vocational Behavior*, (94): 11-19.

[83] Bakker A B, Demerouti E. (2007) . The job demands-resources-model: State of the art. *Journal of Managerial Psychology*, (22): 309-328.

[84] Bakker A B, Demerouti E, Sanz Vergel A I. (2014) . Burnout and work engagement: The JD-R approach. *Annual Review of Organizational Psychology and Organizational Behavior*, 1 (1): 389-411.

[85] Bakker A B, Demerouti E, Schaufeli W B. (2005) . The crossover of burnout and work engagement among working couples. *Human Relations*, 58 (5): 661-689.

[86] Bakker A B, Demerouti E, Verbeke W. (2004) . Using the job demands-resources model to predict burnout and performance. *Human Resources Management*, 43 (1): 83-104.

[87] Bakker A B, Du D, Derks D. (2019) . Major life events in family life, work engagement, and performance: A test of the work-home resources model. *International Journal of Stress Management*, 26 (3): 238-249.

[88] Bakker A B, Tims M, Derks D. (2012) . Proactive personality and job performance: The role of job crafting and work engagement. *Human Relations*, 65 (10): 1359-1378.

［89］ Bakker A B， Xanthopoulou D. （2009） . The crossover of daily work engagement： Test of an actor－partner interdependence model. *Journal of Applied Psychology*, 94 （6）： 1562－1571.

［90］ Barnes S A， Green A， De Hoyos M. （2015） . Crowdsourcing and work： Individual factors and circumstances influencing employability. *New Technology*, *Work and Employment*, 30 （1）： 16－31.

［91］ Barnett R C. （1998） . Toward a review and reconceptualization of the work/family literature. *Genetic Social and General Psychology Monographs*, 124 （2）： 125－184.

［92］ Barnett R C， Hyde J S. （2001） . Women， men， work， and family：An expansionist theory. *American Psychologist*, 56 （10）： 781－796.

［93］ Betts S C. （2006） . The decision to moonlight or quit： Incorporating multiple jobholding into a model of turnover. *Journal of Organizational Culture*, *Communications and Conflict*, 10 （1）： 63－78.

［94］ Bledow R， Schmitt A， Frese M， et al. （2011） . The affective shift model of work engagement. *Journal of Applied Psychology*, 96 （6）： 1246－1257.

［95］ Boyar S L， Mosley Jr D C， et al. （2007） . The relationship between core self－evaluations and work and family satisfaction： The mediating role of work－family conflict and facilitation. *Journal of Vocational Behavior*, 71 （2）： 265－281.

［96］ Bradburn N M. （1969） . *The Structure of Psychological Well－being*. Chicago， IL： Aldine.

［97］ Braun S， Nieberle K W A M. （2017） . Authentic leadership extends beyond work： A multilevel model of work－family conflict and enrichment. *The Leadership Quarterly*, 28 （6）： 780－797.

［98］ Breevaart K， Bakker A B， Demerouti E， et al. （2015） . Leader－

member exchange, work engagement, and job perfor mance. *Journal of Managerial Psychology*, 30 (7): 754 –770.

[99] Breevaart K, Bakker A, Hetland J, et al. (2014) . Daily transactional and transformational leadership and daily employee engagement. *Journal of Occupational and Organizational Psychology*, 87 (1): 138–157.

[100] Britt T W. (2003) . Black hawk down at work: When your most motivated employees can't do their job, get ready for an exodus. *Harvard Business Review*, (81): 16–17.

[101] Britt T W, Bartone P T, Adler A B. (2001) . Deriving benefits from stressful events: The role of engagement in meaningful work and hardiness. *Journal of Occupational Health Psychology*, 6 (1): 53–63.

[102] Brockmann H, Delhey J, Welzel C, et al. (2009) . The China puzzle: Falling happiness in a rising economy. *Journal of Happiness Studies*, 10 (4): 387–405.

[103] Brosch E, Binnewies C. (2018) . A diary study onpredictors of the work–life interface: The role of time pressure, psychological climate and positive affective states. *Management Revue*, 29 (1): 55–78.

[104] Brown S P, Leigh T W. (1996) . A new look at psychological climate and its relationship to job involvement, effort, and performance. *Journal of Applied Psychology*, 81 (4): 358–368.

[105] Burch K A, Barnes–Farrell J L. (2020) . When work is your passenger: Understanding the relationship between workand commuting safety behaviors. *Journal of Occupational Health Psychology*, 25 (4): 259–274.

[106] Byron K. (2005) . A meta–analytic review of work–family conflict and its antecedents. *Journal of Vocational Behavior*, 67 (2): 169–198.

[107] Campbell A, Converse P E, Rodgers W L. (1976) . *The Quality of*

American Life: Perceptions, Evaluations, and Satisfactions. New York: Russell Sage Foundation.

[108] Caporale G M, Georgellis Y, Tsitsianis N, et al. (2009). Income and happiness across Europe: Do reference values matter?. *Journal of Economic Psychology*, 30 (1): 42-51.

[109] Carlson D S. (1999). Personality and role variables as predictors of three forms of work-family conflict. *Journal of Vocational Behavior*, 55 (2): 236-253.

[110] Carlson D S, Ferguson M, Perrewé P L, et al. (2011). The fall-out from abusive supervision: An examination of subordinates and their partners. *Personnel Psychology*, 64 (4): 937-961.

[111] Carlson D S, Grzywacz J G, Ferguson M, et al. (2011). Health and turnover of working mothers after childbirth via the work-family interface: An analysis across time. *Journal of Applied Psychology*, 96 (5), 1045-1054.

[112] Carlson D S, Kacmar K M, Wayne J H, et al. (2006). Measuring the positive side of the work-family interface: Development and validation of a work-family enrichment scale. *Journal of Vocational Behavior*, 68 (1): 131-164.

[113] Carlson D S, Kacmar K M, Williams L J. (2000). Construction and initial validation of a multidimensional measure of work-family conflict. *Journal of Vocational Behavior*, 56 (2): 249-276.

[114] Carlson D S, Perrewé P L. (1999). The role of social support in the stressor-strain relationship: An examination of work-family conflict. *Journal of Management*, 25 (4): 513-540.

[115] Carlson D S, Thompson M J, Crawford W S, et al. (2018). Your job is messing with mine! The impact of mobile device use for work during family

time on the spouse ' s work life. *Journal of Occupational Health Psychology*, 23 (4): 471-482.

[116] Carmody J, Baer R A. (2008) . Relationships between mindfulness practice and levels of mindfulness, medical and psychological symptoms and well-being in a mindfulness-based stress reduction program. *Journal of Behavioral Medicine*, 31 (1): 23-33.

[117] Chan X W, Kalliath P, Chan C, et al. (2020) . How does family support facilitate job satisfaction? Investigatinglhe chain mediating effects of work-family enrichment and job-related well-being. *Stress and Health*, 36 (1): 97-104.

[118] Chan X W, Kalliath T, Cheng D. (2021) . When the boss is blue: Examining the effects of supervisors ' negative emotions on subordinates ' cognitive work engagement and family undermining. *Personnel Review*, 50 (2): 575-595.

[119] Chen Z, Ellis A M. (2021) . Crossover of daily job stressors among dual-career couples: A dyadic examination. *Journal of Organizational Behavior*, 42 (5): 668-683.

[120] Chen Z X, Aryee S, Lee C. (2005) . Test of a mediation model of perceived organizational support. *Journal of Vocational Behavior*, 66 (3): 457-470.

[121] Clark S C. (2000) . Work/family border theory: A new theory of work/family balance. *Human Relations*, 53 (6): 747-770.

[122] Colbert A, Yee N, George G. (2016) . The digital workforce and the workplace of the future. *Academy of Management Journal*, 59 (3): 731-739.

[123] Cotter E W, Fouad N A. (2012) . Examining burnout and engagement in layoff survivors: The role of personal strengths. *Journal of Career Develop-*

ment, 40 (5): 424-444.

[124] Csikszentmihalyi M. (1975) . Play and intrinsic rewards. *Journal of Humanistic Psychology*, 15 (3): 41-63.

[125] Cui Z, Li Y. (2021) . The relationship between proactive behavior and work-family conflict: A moderated mediation model. *Frontiers in Psychology*, (12): 657863.

[126] Danna K, Griffin R W. (1999) . Health and well-being in the workplace: A review and synthesis of the literature. *Journal of management*, 25 (3): 357-384.

[127] Davidson R J. (2000) . Affective style, psychopathology, and resilience: Brain mechanisms and plasticity. *American Psychologist*, 55 (11): 1196-1214.

[128] Deci E L. (1972) . Intrinsic motivation, extrinsic reinforcement, and inequity. *Journal of Personality and Social Psychology*, 22 (1): 113.

[129] Demerouti E, Bakker A B. (2011) . The job demands-resources model: Challenges for future research. *SA Journal of Industrial Psychology*, 37 (2): 1-9.

[130] Demerouti E, Bakker A B, Gevers J M. (2015) . Job crafting and extra-role behavior: The role of work engagement and flourishing. *Journal of Vocational Behavior*, (91): 87-96.

[131] Demerouti E, Bakker A B, Nachreiner F, et al. (2001) . The job demands - resources model of burnout. *Journal of Applied Psychology*, 86 (3): 499-512.

[132] Dettmers J. (2017) . How extended work availability affects well-being: The mediating roles of psychological detachment and work - family - conflict. *Work & Stress*, 31 (1): 24-41.

[133] Diener E. (1984). Subjective well-being. *Psychological Bulletin*, 95 (3): 542-575.

[134] Diener E. (2000). Subjective well-being: The science of happiness and a proposal for a national index. *American Psychologist*, 55 (1): 34-43.

[135] Diener E, Biswas-Diener R. (2000). New direction in subjective well-being research: The cutting edge. *Indian Jourmal of Clinical Psychology*, 27 (1): 21-33.

[136] Diener E, Biswas-Diener R. (2002). Will money increase subjective well-being? *Social Indicators Research*, 57 (2): 119-169.

[137] Diener E, Emmons R A, Larsen R J, et al. (1985). The satisfaction with life scale. *Journal of Personality Assessment*, 49 (1): 71-75.

[138] Diener E, Lucas R E, Oishi S, et al. (2002). Looking up and looking down: Weighting good and bad information in life satisfaction judgments. *Personality and Social Psychology Bulletin*, 28 (4): 437-445.

[139] Diener E, Sandvik E D, Pavot W, et al. (1992). Extraversion and subjective well-being in a US national probability sample. *Journal of Research in Personality*, 26 (3): 205-215.

[140] Diener E, Suh E M, Lucas R E, et al. (1999). Subjective well-being: Three decades of progress. *Psychological Bulletin*, 125 (2): 276-302.

[141] Dolan P, Peasgood T, White M. (2008). Do we really know what makes us happy? A review of the economic literature on the factors associated with subjective well-being. *Journal of Economic Psychology*, 29 (1): 94-122.

[142] Doucette M H, Bradford W D. (2019). Dual job holding and the gig economy: Allocation of effort across primary and gig jobs. *Southern Economic Association*, 85 (4): 1217-1242.

[143] Du D, Derks D, Bakker A B. (2018). Daily spillover from family

to work: A test of the work-home resources model. *Journal of Occupational Health Psychology*, 23 (2): 237-247.

[144] Du D, Derks D, Bakker A B, et al. (2017). Does homesickness undermine the potential of job resources? A perspective from the work-home resources model. *Journal of Organizational Behavior*, 39 (1): 96-112.

[145] Duggan J, Sherman U, Carbery R, et al. (2020). Algorithmic management and app-work in the gig economy: A research agenda for employment relations and HRM. *Human Resource Management Journal*, 30 (1): 114-132.

[146] Eby L T, Casper W J, Lockwood A, et al. (2005). Work and family research in IO/OB: Content analysis and review of the literature (1980-2002). *Journal of Vocational Behavior*, 66 (1): 124-197.

[147] Edwards J R, Rothbard N P. (2000). Mechanisms linking work and family: Clarifying the relationship between work and family constructs. *Academy of Management Review*, 25 (1): 178-199.

[148] Elliot A J, Sheldon K M, Church M A. (1997). Avoidance personal goals and subjective well-being. *Personality and Social Psychology Bulletin*, 23 (9): 915-927.

[149] French K A, Dumani S, Allen T D, et al. (2018). A meta-analysis of work-family conflict and social support. *Psychological Bulletin*, 144 (3): 284-314.

[150] Frenken K, Schor J. (2019). Putting the sharing economy into perspective. in: *A research agenda for sustainable consumption governance*. Cheltenham, UK: Edward Elgar Publishing.

[151] Frey B S, Stutzer A. (2000). Happiness, economy and institutions. *The Economic Journal*, 110 (466): 918-938.

[152] Friedman S D, Greenhaus J H. (2000). *Work and family: Allies or*

enemies? What Happens When business Professionals Confront Life Choices. Oxford: Oxford University Press.

[153] Frone M R, Russell M, Cooper M L. (1992). Antecedents and outcomes of work-family conflict: Testing a model of the work-family interface. *Journal of Applied Psychology*, 77 (1): 65-78.

[154] Frost J. (2017). Uber and the gig economy: Can the legal world keep up?. *Scitech Lawyer*, (7): 4-7.

[155] Geurts S A, Demerouti E. (2003). Work/non-work interface: A review of theories and findings. *The Handbook of Work and Health Psychology*, 2 (1): 279-312.

[156] Gleim M R, Johnson C M, Lawson S J. (2019). Sharers and sellers: A multi-group examination of gig economy workers' perceptions. *Journal of Business Research*, (98): 142-152.

[157] Gopalan N, Pattusamy M, Goodman S. (2022). Family incivility and work-engagement: Moderated mediation model of personal resources and family-work enrichment. *Current Psychology*, (41): 7350-7361.

[158] Graham M, Hjorth I, Lehdonvirta V. (2017). Digital labour and development: Impacts of global digital labour platforms and the gig economy on worker livelihoods. *Transfer: European Review of Labour and Research*, 23 (2): 135-162.

[159] Grant A M. (2008). Does intrinsic motivation fuel the prosocial fire? Motivational synergy in predicting persistence, performance, and productivity. *Journal of Applied Psychology*, 93 (1): 48-58.

[160] Grant A M, Berry J W. (2011). The necessity of others is the mother of invention: Intrinsic and prosocial motivations, perspective taking, and creativity. *Academy of Management Journal*, 54 (1): 73-96.

[161] Greenhaus J H, Bedeian A G, Mossholder K W. (1987). Work experiences, job performance, and feelings of personal and family well-being. *Journal of Vocational Behavior*, 31 (2): 200-215.

[162] Greenhaus J H, Beutell N J. (1985). Sources of conflict between work and family roles. *Academy of Management Review*, 10 (1): 76-88.

[163] Greenhaus J H, Parasuraman S, Collins K M. (2001). Career involvement and family involvement as moderators of relationships between work-family conflict and withdrawal from a profession. *Journal of Occupational Health Psychology*, 6 (2): 91-100.

[164] Greenhaus J H, Powell G N. (2003). When work and family collide: Deciding between competing role demands. *Organizational Behavior and Human Decision Processes*, 90 (2): 291-303.

[165] Greenhaus J H, Powell G N. (2006). When work and family are allies: A theory of work-family enrichment. *Academy of Management Review*, 31 (1): 72-92.

[166] Grzywacz J G. (2000). Work-family spillover and health during midlife: Is managing conflict everything? *American Journal of Health Promotion*, 14 (4): 236-243.

[167] Grzywacz J G. (2002). *Toward a Theory of Work-family Enrichment. Paper Presentation*, 34*th Annual Theory Construction and Research Methodology Workshop* (November). Houston, TX.

[168] Grzywacz J G, Butler A B. (2015). The impact of job characteristics on work-to-family facilitation: Testing a theory and distinguishing a construct. *Journal of Occupational Health Psychology*, 10 (2): 97-109.

[169] Grzywacz J G, Marks N F. (2000). Reconceptualizing the work-family interface: An ecological perspective on the correlates of positive and nega-

tive spillover between work and family. *Journal of Occupational Health Psychology*, 5 (1): 111-126.

[170] Gutek B A, Searle S, Klepa L. (1991) . Rational versus gender role explanations for work - family conflict. *Journal of Applied Psychology*, 76 (4): 560-568.

[171] Haas B K. (1999) . A multidisciplinary concept analysis of quality of life. *Western Journal of Nursing Research*, 21 (6): 728-742.

[172] Haas M R, Criscuolo P, George G. (2015) . Whichproblems to solve? Online knowledge sharing and attentionallocation in organizations. *Academy of Management Journal*, 58 (3): 680-711.

[173] Hakanen J J, Peeters M C, Perhoniemi R. (2011) . Enrichment processes and gain spirals at work and at home: A 3-year cross-lagged panel study. *Journal of Occupational and Organizational Psychology*, 84 (1): 8-30.

[174] Halbesleben J R, Harvey J, Bolino M C. (2009) . Too engaged? A conservation of resources view of the relationship between work engagement and work interference with family. *Journal of Applied Psychology*, 94 (6): 1452-1465.

[175] Halbesleben J R, Wheeler A R. (2008) . The relative roles of engagement and embeddedness in predicting job performance and intention to leave. *Work & Stress*, 22 (3): 242-256.

[176] Hall J V, Krueger A B. (2018) . An analysis of the labor market for Uber's driver-partners in the United States. *Ilr Review*, 71 (3): 705-732.

[177] Hammer L B, Neal M B, Newsom J T, et al. (2005) . A longitudinal study of the effects of dual-earner couples' utilization offamily-friendly workplace supports on work and family outcomes. *Journal of Applied Psychol*, 90 (4): 799-810.

[178] Harris S D, Krueger A B. (2015). *A proposal for modernizing labor laws for twenty-first-century work: The "independent worker"* (pp. 2015-10). Washington, DC: Brookings.

[179] Harter J K, Schmidt F L, Hayes T L. (2002). Business-unit-level relationship between employee satisfaction, employee engagement, and business outcomes: A meta-analysis. *Journal of Applied Psychology*, 87 (2): 268-279.

[180] Heras M L, Rofcanin Y, Escribano P L, et al. (2021). Family-supportive organisational culture, work-family balance satisfaction and government effectiveness: Evidence from four countries. *Human Resource Management Journal*, 31 (2): 454-475.

[181] Higgins C A, Duxbury L E. (1992). Work-family conflict: A comparison of dual-career and traditional-career men. *Journal of Organizational Behavior*, 13 (4): 389-411.

[182] Hill E J. (2005). Work-family facilitation and conflict, working fathers and mothers, work-family stressors and support. *Journal of Family Issues*, 26 (6): 793-819.

[183] Hobfoll S E. (1989). Conservation of resources: A new attempt at conceptualizing stress. *American Psychologist*, 44 (3): 513-524.

[184] Hobfoll S E. (2002). Social and psychological resources and adaptation. *Review of General Psychology*, (6): 307-324.

[185] Horney N. (2016). The gig economy: A disruptor requiring HR agility. *People Strategy*, 39 (3): 20-28.

[186] Ilies R, Liu X-Y, Liu Y, et al. (2017). Why do employees have better family lives when they are highly engaged at work? *Journal of Applied Psychology*, 102 (6): 956-970.

[187] Innstrand S T, Langballe E M, Falkum E. (2012). A longitudinal

study of the relationship between work engagement and symptoms of anxiety and depression. *Stress Health*, 28 (1): 1-10.

[188] Jahoda M. (1958). *Current concepts of positive mental health*. New York: Basic Books.

[189] Jeffefy. (2017). Who needs staff? *People Management*, (5): 26-31.

[190] Jiang Y, Wang Q, Weng Q. (2020). Contextual resource or demand? The effects of organizational engagement climate on employees' work-to-family conflict. *Current Psychology*, (41): 1868-1880.

[191] Kahn R L, Wolfe D M, Quinn R P, et al. (1964). *Organizational stress: Studies in role conflict and ambiguity*. New York: John Wiley.

[192] Kahn W A. (1990). Psychological conditions of personal engagement and disengagement at work. *Academy of Management Journal*, 33 (4): 692-724.

[193] Karambayya R, Reilly A H. (1992). Dual earner couples: Attitudes and actions in restructuring work for family. *Journal of Organizational Behavior*, 13 (6): 585-601.

[194] Kataria A, Garg P, Rastogi R. (2013). Does psychological climate augment OCBs? The mediating role of work engagement. *The Psychologist-Manager Journal*, 16 (4): 217-242.

[195] Katz L F, Krueger A B. (2016). The rise and nature of alternative work arrangements in the United States, 1995-2015. *ILR Review*, 72 (2): 382-416.

[196] Kellogg K C, Valentine M A, Christin A. (2020). Algorithms at work: The new contested terrain of control. *Academy of Management Annals*, 14 (1): 366-410.

[197] Kelloway E K, Gottlieb B H, Barham L. (1999) . The source, nature, and direction of work and family conflict: A longitudinal investigation. *Journal of Occupational Health Psychology*, 4 (4): 337-346.

[198] Khansa L, Kuem J, Siponen M, et al. (2017) . To cyberloaf or not to cyberloaf: The impact of the announcement of formal organizational controls. *Journal of Management Information Systems*, 34 (1): 141-176.

[199] Kim K, Triana M, Chung K, et al. (2016) . When do employees cyberloaf? An interactionist perspective examining personality, justice, and empowerment. *Human Resource Management*, 55 (6): 1041-1058.

[200] Kline R B. (2005) . *Principles and practice of structural equation modeling* (2nd ed.) . New York: Guilford.

[201] Knight C, Patterson M, Dawson J. (2017) . Building work engagement: A systematic review and meta-analysis investigating the effectiveness of work engagement interventions. *Journal of Organizational Behavior*, 38 (6): 792-812.

[202] Kossek E E, Lautsch B A, Eaton S C. (2006) . Telecommuting, control, and boundary management: Correlates of policy use and practice, job control, and work-family effectiveness. *Journal of Vocational Behavior*, 68 (2): 347-367.

[203] Kuhn K M. (2016) . The rise of the "gig economy" and implications for understanding work and workers. *Industrial and Organizational Psychology*, 9 (1): 157-162.

[204] Kuhn K M, Maleki A. (2017) . Micro-entrepreneurs, dependent contractors, and instaserfs: Understanding online labor platform workforces. *Academy of Management Perspectives*, 31 (3): 183-200.

[205] Langelaan S, Bakker A B. Van Doormen L J, et al. (2006) . Burn-

out and work engagement: Do individual differences make a difference?*Personality and Individual Differences*, 40 (3): 521-532.

[206] Lee M K, Kusbit D, Metsky E, et al. (2015) . Working with machines: The impact of algorithmic and data-driven management on human workers. in *Proceedings of the 33rd Annual ACM Conference on Human Factors in Computing Systems* (pp. 1603-1612) .

[207] Leroy H, Anseel F, Dimitrova N G, et al. (2013) . Mindfulness, authentic functioning and work engagement: A growth modeling approach. *Journal of Vocational Behavior*, 82 (3): 238-247.

[208] Lin K J, Ilies R, Pluut H, et al. (2017) . You are ahelpful co-worker, but do you support your spouse? A resource-basedwork-family model of helping and support provision. *Organizational Behavior and Human Decision Processes*, (138): 45-58.

[209] Lobelo. (2017) . The gig economy & the future of employment and labor law. *University of San Francisco Law Review*, 51 (1), 51-73.

[210] Loi R, Xu A J, Chow C W C, et al. (2020) . Linking customer participation to service employees' work-to-family enrichment: The role of job crafting and OBSE. *Journal of Occupational and Organizational Psychology*, 93 (2): 381-404.

[211] Lowe M. (2017) . Uber's gambit: Reassessing the regulatory realities of the "gig economy" . *Cornlell HR Review*, 1-6.

[212] Lucas R E, Diener E, Grob A, et al. (2000) . Cross-cultural evidence for the fundamental features of extraversion. *Journal of Personality and Social Psychology*, 79 (3): 452-468.

[213] Lu X, Xie B, Guo Y. (2018) . The trickle-down of work engagement from leader to follower: The roles of optimism and self-efficacy. *Journal of-*

Business Research, (84): 186-195.

[214] Manyika J, Lund S, Bughin J, et al. (2016). *Independent work choice necessity and the gig economy*. McKinsey Global Institute.

[215] Martela F, Ryan R M. (2016). The benefits of benevolence: Basic psychological needs, beneficence, and the enhancement of well-being. *Journal of Personality*, 84 (6): 750-764.

[216] Maslach C, Jackson S E, Leiter M P, et al. (1986). *Maslach burnout inventory*. Palo Alto, CA: Consulting Psychologists Press.

[217] Maslach C, Leiter M P. (1997). *The truth about burnout: How organizations cause personal stress and what to do about it*. San Francisco, CA: Jossey-Bass.

[218] Maslach C, Leiter M P. (2008). Early predictors of job burnout and engagement. *Journal of Applied Psychology*, 93 (3): 498-512.

[219] Maslach C, Schaufeli W B, Leiter M P. (2001). Job burnout. *Annual Review of Psychology*, 52 (1): 397-422.

[220] Matz-Costa C, Besen E, Boone James J, et al. (2014). Differential impact of multiple levels of productive activity engagement on psychological well-being in middle and later life. *The Gerontologist*, 54 (2): 277-289.

[221] May D R, Gilson R L, Harter L M. (2004). The psychological conditions of meaningfulness, safety and availability and the engagement of the human spirit at work. *Journal of Occupational and Organizational Psychology*, 77 (1): 11-37.

[222] McCullough M E, Emmons R A, Tsang J A. (2002). The grateful disposition: A conceptual and empirical topography. *Journal of Personality and Social Psychology*, 82 (1): 112-127.

[223] McNall L A, Nicklin J M, Masuda A D. (2010). A meta-analytic

review of the consequences associated with work－family enrichment. *Journal of Business and Psychology*, 25 (3): 381-396.

[224] Menges J I, Tussing D V, Wihler A, et al. (2017) . When job performance is all relative: How family motivation energizes effort and comp en-sates for intrinsic motivation. *Academy of Management Journal*, 60 (2): 695-719.

[225] Michel J S, Kotrba L M, Mitchelson J K, et al. (2011) . Anteced-ents of work-family conflict: A meta-analytic review. *Journal of Organizational Behavior*, 32 (5): 689-725.

[226] Mulcahy D. (2017) . Will the gig economy make the office obsolete. *Harvard Business Review*, (3): 2-4.

[227] Nahrgang J D, Vaulont M J, Williams R, et al. (2021) . Do the hustle! Empowerment from side-hustles and its effects on full-time work perform-ance. *Academy of Management Journal*, 64 (1): 235-264.

[228] Netemeyer R G, Boles J S, McMurrian R. (1996) . Development and validation of work-family conflict and family-work conflict scales. *Journal of applied psychology*, 81 (4): 400-410.

[229] Netemeyer R G, Brashear-Alejandro T, Boles J S. (2004) . A cross-national model of job-related outcomes of work role and family role variables: A retail sales context. *Journal of the Academy of marketing Science*, 32 (1): 49-60.

[230] Nielson T R, Carlson D S, Lankau M J. (2001) . The supportive mentor as a means of reducing work-family conflict. *Journal of Vocational Behav-ior*, 59 (3): 364-381.

[231] Notten N, Grunow D, Verbakel E. (2017) . Social policies and families in stress: Gender and educational differences in work-family conflict from

a European perspective. *Social Indicators Research*, 132 (3): 1281–1305.

[232] Oswald A J. (1997) . Happiness and economic performance. *The Economic Journal*, 107 (445): 1815–1831.

[233] Ouweneel E, Le Blanc P M, Schaufeli W B, et al. (2012) . Good morning, good day: A diary study on positive emotions, hope, and workengagement. *Human Relations*, 65 (9): 1129–1154.

[234] Page K J, Robles Z, Rospenda K M, et al. (2018) . Understanding the correlates between care–recipient age and caregiver burden, work–family conflict, job satisfaction, and turnover intentions. *Occupational Health Science*, 2 (4): 409–435.

[235] Peeters M, Montgomery A, Bakker A, et al. (2005) . Balancing work and home: How job demands and home demands are related to burnout. *International Journal of Stress Management*, (12): 43–61.

[236] Perren R, Kozinets R V. (2018) . Lateral exchange markets: How social platforms operate in a networked economy. *Journal of Marketing*, 82 (1): 20–36.

[237] Petriglieri G, Ashford S J, Wrzesniewski A. (2019) . Agony and ecstasy in the gig economy: Cultivating holding environments for precarious and personalized work identities. *Administrative Science Quarterly*, 64 (1): 124–170.

[238] Pignot E. (2023) . Who is pulling the strings in the platform economy? Accounting for the dark and unexpected sides of algorithmic control. *Organization*, 30 (1): 140–167.

[239] Postema A, Bakker A B, Van Mierlo H. (2021) . Work–sports enrichment in amateur runners: A diary study. *The Journal of Psychology*, 155 (4): 406–425.

[240] Price J L. (1997) . Handbook of organizational measurement. *Inter-*

national Journal of Manpower, 18 (4-6): 305-558.

[241] Rani U, Furrer M. (2021) . Digital labour platforms and new forms of flexible work in developing countries: Algorithmic management of work and workers. *Competition & Change*, 25 (2): 212-236.

[242] Renshaw J R. (1976) . An exploration of the dynamics of the overlapping worlds of work and family. *Family Process*, 15 (1): 143-165.

[243] Rich B L, Lepine J A, Crawford E R. (2010) . Job engagement: Antecedents and effects on job performance. *Academy of Management Journal*, 53 (3): 617-635.

[244] Rockmann K W, Ballinger G A. (2017) . Intrinsic motivation and organizational identification among on-demand workers. *Journal of Applied Psychology*, 102 (9): 1305-1316.

[245] Rodell J B. (2013) . Finding meaning through volunteering: Why do employees volunteer and what does it mean for their jobs? *Academy of Management Journal*, 56 (5): 1274-1294.

[246] Rofcanin Y, De Jong J P, Las Heras M, et al. (2018) . The moderating role of prosocial motivation on theassociation between family-supportive supervisor behaviours andemployee outcomes. *Journal of Vocational Behavior*, (107): 153-167.

[247] Rosenblat A, Stark L. (2016) . Algorithmic labor and information asymmetries: A case study of Uber' s drivers. *International Journal of Communication*, (10): 27.

[248] Rothbard N P. (2001) . Enriching or depleting? The dynamics of engagement in work and family roles. *Administrative Science Quarterly*, 46 (4): 655-684.

[249] Russell J A, Barrett L F. (1999) . Core affect, profotypical emo-

tional episodes, and other things called emotion: Dissecting the elephant. *Journal of Personality and Social Psychology*, (76): 805-819.

[250] Russo M, Buonocore F, Carmeli A, et al. (2018). When family supportive supervisors meet employees' need for caring: Implications for work-family enrichment and thriving. *Journal of Management*, 44 (4): 1678-1702.

[251] Ryan R M, Deci E L. (2001). On happiness and human potentials: A review of research on hedonic and eudaimonic well-being. *Annual Review of Psychology*, 52 (1): 141-166.

[252] Ryff C D. (1989a). Beyond ponce de leon and life satisfaction: New directions in quest of successful ageing. *International Jounal of Behavioral Development*, 12 (1): 35-55.

[253] Ryff C D. (1989b). Happiness is everything, or is it? Explorations on the meaning of psychological wel1-being. *Journal of Personality and Social Psychology*, 57 (6): 1069-1081.

[254] Ryff C D. (1995). Psychological well-being in adult life. *Current Directions in Psychological Science*, (4): 99-104.

[255] Ryff C D, Singer B H. (2006). Best news yet on the six-factor model of well-being. *Social Science Research*, 35 (4): 1103-1119.

[256] Saks A M. (2006). Antecedents and consequences of employee engagement. *Journal of Managerial Psychology*, 21 (7): 600-619.

[257] Sanders D E, Pattison P. (2016). Worker characterization in a gig economy viewed through an uber centric lens. *Southern Law Journal*, 26 (2): 297-320.

[258] Schaufeli W B, Bakker A B. (2003). *UWES-Utrecht Work Engagement Scale: Test manual*. Unpublished Manuscript: Department of Psychology, Utrecht University.

[259] Schaufeli W B, Bakker A B. (2004) . Job demands, job resources, and their relationship w ith burnout and engagement: A multi-sample study. *Journalof Organizational Behavior*, 25 (3): 293-315.

[260] Schaufeli W B, Bakker A B, Salanova M. (2006) . The measurement of work engagement with a short questionnaire: A cross-national study. *Educational and Psychological Measurement*, 66 (4): 701-716.

[261] Schaufeli W B, Salanova M, Gonzalez-Roma V, et al. (2002) . The measurement of engagement and burnout: A two sample confirmatory factor analytic approach. *Journal of Happiness Studies*, 3 (1): 71-92.

[262] Schmuck P, Kasser T, Ryan R M. (2000) . Intrinsic and extrinsic goals: Their structure and relationship to well-being in German and US college students. *Social Indicators Research*, 50 (2), 225-241.

[263] Schroeder A N, Bricka T M, Whitaker J H. (2021) . Work design in a digitized gig economy. *Human Resource Management Review*, 31 (1): 100692.

[264] Shalley C E, Gilson L L, Blum T C. (2000) . Matching creativity requirements and the work environment: Effects on satisfaction and intentions to leave. *Academy of Management Journal*, 43 (2): 215-223.

[265] Sheldon K M, Elliot A J, Ryan R M, et al. (2004) . Self-concordance and subjective well-being in four cultures. *Journal of Cross-Cultural Psychology*, 35 (2): 209-223.

[266] Shevchuk A, Strebkov D, Davis S N. (2019) . The autonomy paradox: How night work undermines subjective well-being of internet-based freelancers. *ILR Review*, 72 (1): 75-100.

[267] Shimazu A, Schaufeli W B. (2008) . Work engagement: An emerging concept in occupational health psychology. *Biosci Trends*, 2 (1): 2.

[268] Shin D C, Johnson D M. (1978) . Avowed happiness as an overall assessment of the quality of life. *Social Indicators Research*, 5 (1-4): 475-492.

[269] Shirom A. (2003) . Feeling vigorous at work? The construct of vigor and the study of positive affect in organizations. in: Perrewe P L, Ganster D C. eds. *Emotional and Physiological Processes and Positive Intervention Strategies: Volume* 3: *Research in Occupational Stress and Well-being*. Emerald Group Publishing Limited.

[270] Slemp G R, Kern M L, Patrick K J, et al. (2018) . Leader autonomy support in the workplace: A meta-analytic review. *Motivation and Emotion*, 42 (5): 706-724.

[271] Sliter M T, Boyd E M. (2014) . Two (or three) is not equal to one: Multiple jobholding as a neglected topic in organizational research. *Journal of Organizational Behavior*, 35 (7): 1042-1046.

[272] Smith A. (2016) . *Gig work, online selling and home sharing*, Pew Research Center.

[273] Smoktunowicz E, Cieslak R, Demerouti E. (2017) . Interrole conflict and self-efficacy to manage work and familydemands mediate the relationships of job and family demands withstress in the job and family domains. *Anxiety, Stress, & Coping*, 30 (5): 485-497.

[274] Steenbergen E F, Ellemers N, Mooijaart A. (2007) . How work and family can facilitate each other: Distinct types of work-family facilitation and outcomes for women and men. *Journal of Occupational Health Psychology*, 12 (3): 279-300.

[275] Tang S-W, Siu O-L, Cheung F. (2014) . A study of work-family enrichment among Chinese employees: The mediating role between work support and job satisfaction. *Applied Psychology*, 63 (1): 130-150.

[276] Tang Y, Huang X, Wang Y. (2017). Good marriage at home, creativity at work: Family-work enrichment effect on workplace creativity. *Journal of Organizational Behavior*, 38 (5): 749-766.

[277] Tariq H, Ding D. (2018). Why am I still doing this job? The examination of family motivation on employees' work behaviors under abusive supervision. *Personnel Review*, 47 (2): 378-402.

[278] Taylor M, Marsh G, Nicol D, et al. (2017). *Good work: The Taylor review of modern working practices.* London: Department for Business, Energy & Industrial Strategy.

[279] Ten Brummelhui L L, Ter Hoeven C L, Bakker A B, et al. (2011). Breaking through the loss cycle of burnout: The role of motivation. *Journal of Occupational and Organizational Psychology*, (84): 268-287.

[280] Ten Brummelhuis L L, Bakker A B. (2012). A resource perspective on the work-home interface: The work-home resources model. *American Psychologist*, 67 (7): 545-556.

[281] Thomas K D. (2018). Taxing the gig economy. *University of Pennsylvania Law Review*, 166 (6): 1415-1473.

[282] Thompson B Y. (2018). Digital Nomads: Employment in the online gig economy. *Journal of Culture, Politics and Innovation*, (1): 1-26.

[283] Thompson M J, Carlson D S, Kacmar K M, et al. (2020). The cost of being ignored: Emotional exhaustionin the work and family domains. *Journal of Applied Psychology*, 105 (2): 186-195.

[284] Tsui A S, Pearce J L, Porter L W, et al. (1995). Choice of employee-organization relationship: Influence of external and internal organizational factors. *Research in Personnel and Human Resources Management*, (13): 117-151.

[285] Van Daalen G, Willemsen T M, Sanders K. (2006). Reducing

work-family conflict through different sources of social support. *Journal of Vocational Behavior*, 69 (3): 462-476.

[286] Van den Broeck A, Vansteenkiste M, De Witte H, et al. (2010). Capturing autonomy, competence, and relatedness at work: Construction and initial validation of the Work-related Basic Need Satisfaction scale. *Journal of Occupational and Organizational Psychology*, 83 (4): 981-1002.

[287] Van Horn J E, Taris T W, Schaufeli W B, et al. (2004). The structure of occupational well-being: A study among Dutch teachers. *Journal of Occupational and Organizational Psychology*, 77 (3): 365-375.

[288] Voydanoff P. (2005). Social integration, work-family conflict and facilitation, and job and marital quality. *Journal of Marriage and Family*, 67 (3): 666-679.

[289] Voydanoff P. (2005). Toward a conceptualization of perceived work-family fit and balance: A demands and resources approach. *Journal of Marriage and Family*, 67 (4): 822-836.

[290] Vujcic M, Tomicevic-Dubljevic J, Grbic M, et al. (2017). Nature based solution for improving mental health and well-being in urban areas. *Environmental Research*, (158): 385-392.

[291] Warr P. (1999). Well-being and the workplace. in: Kahnemand D, Diener E, Schwarz N. *Wellbeing: The foundations of hedonic psychology*. New York NY: Russell Sage, 392-412.

[292] Warr P. (2007a). Learning about employee happiness. *Revista Psicologia Organizações e Trabalho*, 7 (2): 133-140.

[293] Warr P. (2007b). *Work, happiness, and unhappiness*. New York: Psychology Press.

[294] Warr P, Cook J, Wall T. (1979). Scales for the measurement of

some work attitudes and aspects of psychological well-being. *Journal of Occupational Psychology*, 52 (2): 129-148.

[295] Waterman A S. (1993) . Two conceptions of happiness: Contrasts of personal expressiveness (eudaimonia) and hedonic enjoyment. *Journal of Personality and Social Psychology*, 64 (4): 678-691.

[296] Watkins C E, Tipton R M, Manus M, et al. (1991) . Role relevance and role engagement in contemporary school psychology. *Professional Psychology: Research and Practice*, 22 (4): 328-332.

[297] Wayne J H, Casper W J, Matthews R A, et al. (2013) . Family-supportive organization perceptions and organizational commitment: The mediating role of work-family conflict and enrichment and partner attitudes. *Journal of Applied Psychology*, 98 (4): 606-622.

[298] Wayne J H, Grzywace J G, Carlson D S, et al. (2007) . Work-family facilitation: A theoretical explanation and model of primary antecedents andconsequences. *Human Resource Management Review*, (17): 63-76.

[299] Wayne J H, Musisca N, Fleeson W. (2004) . Considering the role of personality in the work-family experience: Relationships of the big five to work-family conflict and facilitation. *Journal of Vocational Behavior*, 64 (1): 108-130.

[300] Wayne J H, Randel A E, Stevens J. (2006) . The role of identity and work-family support in work-family enrichment and its work-related consequences. *Journal of Vocational Behavior*, 69 (3): 445-461.

[301] Weinstein N, Ryan R M. (2010) . When helping helps: Autonomous motivation for prosocial behavior and its influence on well-being for the helper and recipient. *Journal of Personality and Social Psychology*, 98 (2): 222-244.

[302] Werbel J, Walter M H. (2002). Changing views of work and family roles: A symbiotic perspective. *Human Resource Management Review*, 12 (3): 293-298.

[303] Wolff H-G, Kim S. (2020). The costs of networking in nonwork domains: A resource-based perspective. *Career Development International*, 25 (5): 501-516.

[304] Wood A J, Graham M, Lehdonvirta V, et al. (2019). Good gig, bad gig: Autonomy and algorithmic control in the global gig economy. *Work, Employment and Society*, 33 (1): 56-75.

[305] Wordsworth. (2016). *Mind Your Language: Gig Economy*. The Spectator, (7): 1-2.

[306] Xanthopoulou D, Bakker A B, Demerouti E, et al. (2007a). The role of personal resources in the job demands-resources model. *International Journal of Stress Management*, 14 (2): 121-141.

[307] Xanthopoulou D, Bakker A B, Dollard M F, et al. (2007b). When do job demands particularly predict burnout? The moderating role of job resources. *Journal of Managerial Psychology*, 22 (8), 766-786.

[308] Zhang Z, Wang M O, Shi J. (2012). Leader-follower congruence in proactive personality and work outcomes: The mediating role of leader-member exchange. *Academy of Management Journal*, 55 (1): 111-130.

[309] Zhao X R, Qu H, Ghiselli R. (2011). Examining the relationship of work-family conflict to job and life satisfaction: A case of hotel sales managers. *International Journal of Hospitality Management*, 30 (1): 46-54.

[310] Zheng X, Zhu W, Zhao H, et al. (2015). Employee well-being in organizations: Theoretical model, scale development, and cross-cultural validation. *Journal of Organizational Behavior*, 36 (5): 621-644.

附录　数字平台副业情况调查问卷

尊敬的先生/女士：

您好！

非常感谢您在百忙之中参与此次问卷调查！

这是一份纯粹的学术研究调查问卷，调查所得资料仅用于学术研究，不会对您的生活和工作造成不良影响。请您仔细阅读本问卷内容，根据您个人的实际情况和真实感受如实填答。您在以下问题上的观点对我们来说至关重要，因此，如果您能抽出10分钟完成本次调查，我们将不胜感激。

如果您对研究结果感兴趣，请您留下联系方式，届时会将研究结果反馈给您。您的参与对本次研究至关重要，非常感谢您的热情帮助！

1. 您在主业工作之外是否还有一份基于数字（网络）平台的副业（兼职）？如：业余时间通过微信、抖音、闲鱼等平台进行的副业（兼职）。[单选题]

○有　　　　　　　　　○没有（请跳至第问卷末尾，提交答卷）

2. 您的副业类型或内容是（　　）。[多选题]

□微商　　　　　□平台主播　　□自媒体运营　□知识类平台接单

□电商团购团长　□网约车　　　□外卖骑手　　□其他__________

3. 下列题目描述的是您从事副业的原因，请根据实际情况，选择您认为最合适的选项。[矩阵单选题]

选项	非常不同意	不同意	一般	同意	非常同意
3.1　我要挣钱维持家庭生活开支	○	○	○	○	○
3.2　我想为家人减轻经济负担	○	○	○	○	○
3.3　我想改变家庭生活状况	○	○	○	○	○
3.4　我想给我的家人创造更好的生活条件	○	○	○	○	○
3.5　我可以让家人生活得更好	○	○	○	○	○

4. 下列题目描述的是您在副业中的表现，请根据实际情况，选择您认为最合适的选项。[矩阵单选题]

选项	非常不同意	不同意	一般	同意	非常同意
4.1　早上起床后，我很乐意去工作	○	○	○	○	○
4.2　工作时我感到精力充沛	○	○	○	○	○
4.3　工作时我觉得干劲十足	○	○	○	○	○
4.4　我所做的工作能够激励我	○	○	○	○	○
4.5　我非常热衷于我的工作	○	○	○	○	○
4.6　我为自己所从事的工作感到骄傲	○	○	○	○	○
4.7　当我工作时，满脑子只有工作	○	○	○	○	○
4.8　我会沉浸于我的工作中	○	○	○	○	○
4.9　当我专心于工作时，我感到快乐	○	○	○	○	○

5. 下列题目描述的是您的副业对家庭的影响，请根据实际情况，选择您认为最合适的选项。[矩阵单选题]

选项	非常不同意	不同意	一般	同意	非常同意
5.1　工作需求经常干扰我的家庭生活	○	○	○	○	○
5.2　工作占用的时间使我很难履行家庭责任	○	○	○	○	○
5.3　由于工作需要，导致我原本想在家里做的事情无法完成	○	○	○	○	○
5.4　由于工作压力，导致我难以履行我的家庭义务	○	○	○	○	○
5.5　由于工作，我往往需要改变家庭活动的计划和安排	○	○	○	○	○
5.6　帮助我理解不同的观点，这有助于我成为一个更好的家庭成员	○	○	○	○	○
5.7　帮助我获得知识，这有助于我成为一个更好的家庭成员	○	○	○	○	○
5.8　帮助我获得技能，这有助于我成为一个更好的家庭成员	○	○	○	○	○
5.9　让我心情愉快，这有助于我成为一个更好的家庭成员	○	○	○	○	○
5.10　让我感到快乐，这有助于我成为一个更好的家庭成员	○	○	○	○	○
5.11　让我兴高采烈，这有助于我成为一个更好的家庭成员	○	○	○	○	○
5.12　让我感到满足，这有助于我成为一个更好的家庭成员	○	○	○	○	○
5.13　让我有成就感，这有助于我成为更好的家庭成员	○	○	○	○	○
5.14　给我一种成功感，这有助于我成为一个更好的家庭成员	○	○	○	○	○

6. 下列题目描述的是您目前的生活状态，请根据实际情况，选择您认为最合适的选项。[矩阵单选题]

	非常不同意	不同意	一般	同意	非常同意
6.1 在很多方面，我的生活与我的理想生活很接近	○	○	○	○	○
6.2 我的生活状态非常好	○	○	○	○	○
6.3 我对自己的生活感到满意	○	○	○	○	○
6.4 目前为止，我已得到生活中想要的重要的东西	○	○	○	○	○
6.5 如果再选一次，我几乎不会改变目前的生活方式	○	○	○	○	○
6.6 我的生活非常有趣	○	○	○	○	○
6.7 我总能找到办法来充实自己的生活	○	○	○	○	○
6.8 大部分时间，我可以真正感受到快乐	○	○	○	○	○
6.9 在我看来，我的人生会是非常有意义的	○	○	○	○	○

7. 您的性别：[单选题]

○男 ○女

8. 您的年龄：[填空题]

____

9. 您的学历：[单选题]

○中专及以下 ○大专 ○本科 ○硕士研究生

○博士研究生 ○其他

10. 您目前的婚姻状况：[单选题]

○已婚 ○单身

11. 您有几个小孩？[单选题]

○没有 ○1 ○2 ○3

○4　　　　○其他＿＿＿＿＿＿

12. 您工作所在的地区：［单选题］

○西南　　○华东　　○华南　　○华中

○华北　　○东北　　○西北

13. 您的工作年限：［填空题］

＿＿＿＿＿＿＿＿＿＿＿＿＿＿＿＿

14. 您的副业收入在个人总收入中的占比？［单选题］

○低于 10%　　○10%～20%　　○21%～30%　　○31%～40%

○41%～50%　　○高于 50%　　○其他＿＿＿＿＿＿

15. 您可以留下联系方式，我们将会把研究结果反馈给您。［填空题］（电话或电子邮箱均可）

＿＿＿＿＿＿＿＿＿＿＿＿＿＿＿＿

在结束本次问卷填答之前，请您再检查一下是否有漏填的题目，确保所有题目填答完整。再次感谢您对我们的支持！祝您工作顺利，生活愉快！